コミは、もはや政治を語れない

徹底検証：

「民主党政権」で勃興する「ネット論壇」

佐々木俊尚

ITジャーナリスト

デザイン　ＡＳＹＬ（佐藤直樹＋坂脇　慶）

はじめに

いまをさかのぼる約二年前、二〇〇七年の暮れに「ブログ限界論」という議論がインターネットの中で盛り上がったことがあった。これはマイネット・ジャパンというベンチャー企業の経営者でブロガーでもある一九七四年生まれの上原仁が、こう呼びかけたところから始まった。

「最近ブログつまらなくないですか?」

いま振り返ってみれば、全然「つまらない」ということなどなかったのだが、しかしこの当時のブログに閉塞感が漂っていたのも事実だ。

なぜか。

ブログは二〇〇三年ごろから徐々に普及し始めて、多くの人が気軽に自分の日記や感想、意見をウェブで公開するようになった。当初は技術系、コンピューターオタク系のブログが大半で、とくだん社会に対するコミットなど存在していなかったのだけれども、二〇〇五年に転機が訪れた。

郵政解散とライブドア事件だ。

小泉元首相が「古い自民党をぶっ壊せ」と叫んでなぜか自民党が大勝し、そしてネットベンチャーのライブドアがプロ野球進出をはかり、さらにはフジサンケイグループまで買収しようとして大騒動となり、最後は東京地検の強制捜査を受けた。いま思えばその後の日本社会の地殻変動を予測させるようなできごとだった。

このときにマスメディアは、小泉元首相を「ワンフレーズ政治だ」と非難した。しかし2ちゃんねるでは「小泉を支持しよう」という声が急速に高まった。その支持の是非は別としても、選挙結果は2ちゃんねらーたちの言うとおりになった。マスメディアは小泉批判を繰り広げたのにもかかわらず、世論を誘導することはできなかったのだ。

なぜこのような結果になったのか。朝日新聞はこの二〇〇五年の総選挙投開票日の翌日、社会面で何人かの有識者を登場させ、あろうことか有権者たちを非難した。

「経済的弱者が、政策的に手を差し伸べてもらうことよりも、『ぶっ壊す』ことを訴える小泉首相に、希望を見いだした可能性はある。現状が厳しいほど、単純なカリスマに自分を同一化して、『この人だったら何かをやってくれるかもしれない』と」（東大助教授＝当時・本田由紀）

「キーワードは『憎悪』だ。無党派層の多くは不況でもっとも打撃を受けている都市部の若者。高学歴にもかかわらず不安定な状況に置かれている彼らの中にはバーチャルなナショナリズムに酔いしれ、ネット上でマイノリティーを攻撃する者も少なくない。小泉さんは彼ら

の憎しみを、不況でも身分が保障された公務員に向けさせた」（評論家・辛淑玉）

いずれも、まるで弱者の愚民がファシズムを支持している——といわんばかりの意見である。

しかしこの分析は、あまりにも強引だったし、有権者をバカにしすぎていた。この選挙から四年後の二〇〇九年、政治学者の菅原琢は『世論の曲解』（光文社新書）という驚くべき書籍で、統計調査を駆使して選挙結果と有権者の投票行動を徹底的に解き明かしている。

「都市部の若年・中年の有権者には、もともと改革志向が備わっていた。これが郵政解散によって顕在化し、小泉自民党への投票につながる。都市部という弱点を補った上に、小選挙区制の効果もあり、自民党は圧勝したのである。これを別の角度から言い換えれば、従来の自民党が支持されたのではなく、改革を進める政党としての自民党が支持されたと言える。新たに動員された票の多くが都市部住民であり、若年・中年層である。改革を期待する彼らが、民主党ではなく自民党に投票したということは、改革の中に自民党そのものの変化も含まれることを意味する」

必ずしもフリーターや非正規雇用者のような経済的弱者だけが小泉改革を支持したわけではなく、旧来の自民党政治からの脱却を求めるかなり広範囲な層が小泉改革を支えたのだった。だが「2ちゃんねるのユーザーはフリーターのような弱者ばかり」という旧来のインターネットのイメージに引きずられた新聞や評論家は、「弱者が小泉を支持した。これはつまり小泉にだまされたのだ」という根拠のないロジックを展開させたのだった。

菅原は『世論の曲解』で、こうしたロジックを強く指弾している。

「だが、多くの政治家や評論家は、異なるイメージでこの総選挙を語った。郵政民営化という お題目やテレビに若者を中心とする有権者が踊らされ、一過性の投票行動を取ったと解釈した。自民党の圧勝は小泉純一郎という有権者受けのよい、国民的な人気のある人物が総理総裁だったために生じたものだと結論付けた。そう言った単純なストーリーを政治家や評論家、報道関係者は好み、一部は有権者を非難し、暗に馬鹿にさえした」

そもそも2ちゃんねるのユーザーは、弱者ばかりではない。一〇〇〇万人以上が集まるこの匿名掲示板には、企業に勤める会社員や大学生も多数含まれていると考えるのが自然だ。その意味で、菅原の言う「都市部の若年・中年の有権者には、もともと改革志向が備わっていた」という世論が2ちゃんねるの言論に反映されたのはごく自然な流れだったのかもしれない。

こうしたマスコミの曲解は、ライブドア事件でも同様だった。マスコミはこぞってライブドアを「虚業」と批判し、「マネーゲームに狂奔するヒルズ族」といったステレオタイプなライブドア批判に終始した。しかしブログ界では公認会計士や弁護士、大学教授など、財務や法律などの専門家たちが、多面的かつ徹底的に分析を行った。そうして彼らの書くブログのエントリーは多くの人に読まれ、その鋭い分析力は新聞などの記事を上回っている——そう感じた人が少なくなかったのである。こうした立場の人たちはブログでさかんにマスメディア批判もロジカルに展開し、これが一気にブログの存在感を高める結果となったのである。

ネットの中ではそれまでマスメディアに対して、ある種の畏敬の念を抱いていた。「記事を提供していただいてありがとう」という畏敬であり、「しょせんはオレたちはマスメディアの記事のおこぼれをもらっておしゃべりをしているだけさ」という自嘲があった。

ところがこの二〇〇五年を境にして、急速に「マスメディア不要論」が高まっていくことになる。

もちろん新聞やテレビの側は、そうしたブログの言論をほとんど黙殺していた。だから「存在感」といっても、ブログを書いている人たちのあいだだけでお互いの存在を確認し合っていただけなのだが——。

しかしながらブログという小さな世界であっても、その中で言論の双方向性が保たれ、活発な議論が行われていき、しかも新参の者にも開かれたオープンな圏域が確保されているという状況は、徐々にブログの言論としての質を高めていく結果となった。新聞やテレビの社説やコメントと比べても、ずっと質の高いエントリーを書く人たちがたくさん現れてきたのである。

とはいえ社会との接点という部分でいえば、〇五年の郵政解散とライブドア騒動のあとは、あまりぱっとしなかった。なぜぱっとしなかったかといえば、ブログ言論とマスメディアの対立軸が明らかになるようなできごとや事件がその後はあまり起きなかったからだ。二〇〇七年には参院選があったが、郵政造反組の復党問題や社会保険庁の不祥事で自民党が自滅し、とくだん議論にもならなかった。ブログでは全然盛り上がらなかったのである。

そういう状況の中で、「せっかくのブログ言論が、全然パワーアップしてないじゃないか！」という危機感が、上原の「ブログ限界論」につながったのだった。

このブログ限界論の話を私は文春新書から出した『ブログ論壇の誕生』という本にも紹介したのだが、上原はこのとき他のブロガーたちから猛反発を食らった。

「『盗人猛々しい』という言葉がこれほど似合う文章をひさびさに見ました」

とか、

「ブログ書いてる人に失礼だと思うだけではなく、そもそもインターネットを形作っているものについて多少誤解があるんじゃないか」

とか、著名なブロガーたちがこぞって反論したのだった。

これはまあたしかに反論のほうが正しかったのであって、上原の気負いは理解できるけれども、ちょっと結論を焦りすぎていた感がある。インターネットによる言論への影響は数年で結論が出るような短いスパンの話じゃない。それこそ印刷術の発明以来、あるいはひょっとしたら紙に文字を書くという行為を始めて以来の大変革がいま起きつつあるわけで、ネットはたぶんマスメディアを蹴散らして、書籍も何もかもどんどん飲み込んでいって、二〇一〇年現在のわれわれじゃ想像もできないような方向へと進化していく。それは間違いない。

だから私は二〇〇七年のこの当時からずっと、「そのうち新たな対立軸が起きる」とことあるごとに言い続けてきた。

「このままマスメディアの言論がずっと隆盛を誇り、ブログをはじめとするインターネット論壇が無視されるなんていうことが、いつまでも続くはずがない。きっとどこかで何かのできごとをきっかけにして大きな転換点が生じて、マスメディアとネットの立ち位置は決定的に入れ替わる」

さまざまな場所でそう訴え続けてきたのだ。

そして二〇〇九年、予想どおりにその「対立軸」は爆発した。

総選挙とその後の政権交代にともなって大量のエントリーがブログで書かれ、2ちゃんねるにはスレッドが乱立し、そして流行し始めたミニブログ「ツイッター」では無数のコメントが政権交代の現場から生々しくつぶやかれた。

それらの膨大な言論の集積を、横断的に読んでいる人はたぶん非常に少ない。集約するポータルサイトが存在せず、政治に関するブログをどう読み進めればいいのかを教えてくれる先導者もいないからだ。残念ながら日本のインターネット業界にはそのようなウェブサイトやサービスはまだ登場していないのが現実で、つまりは「導線」が存在していないのだ。

私はネットにおける情報収集を、ジャーナリストの非常に重要な作業のひとつと考えていて、総選挙の時期から二〇一〇年の冒頭にいたるまで、政権交代をめぐる数百を超えるブログのエントリーを読み、ツイッターでの議論を追いかけ、それらをアーカイブしてきた。本書でその「読書結果」を皆さんに披露してみたいと思う。

こうやって一冊の本にまとめてみると、その言論の質の高さには正直、驚かざるを得ない。

しかし私がネット論壇の凄さを説明しようとすると、いまだにマスコミの中には「ネットで書かれていることには信頼性がない」と主張する人たちがいる。先日は大学での授業で、そう質問した女子学生がいて本当に驚いた。まだ若いのに、マスコミがばらまいているくだらないコメントにすっかり毒されてしまっているのだ。

いまさらそのくだらない主張に反論するのもバカバカしいが、「ネットの言論なんて信用できないからこの本に書かれていることも嘘ばかりに違いない」と勘違いしてしまう人が出てくるのももったいない。だから少しだけ説明しておこう。

報道される記事には二つのレイヤー（層）がある。

一次情報と、それに対する論考・分析だ。

たとえば〇九年一二月に起きた天皇陛下と中国の習近平副主席の特例会見問題で、「中曽根康弘元首相が特例会見を鳩山首相に要請した」というのは一次情報。これは政界を取材している新聞・テレビの政治部か、そうでなければ上杉隆のような政界に食い込んだフリージャーナリストでなければ書けない。政治の取材なんか一度もしたことがない会社員ブロガーが「要請したのは中曽根元首相じゃなかった。あの報道は嘘だ」と書いても、もちろん誰も信用しない。インサイダーによる内部告発や何かの分野の専門家であることが保証されているのでなければ、実名を明かさないブロガーの一次情報には信頼性はない。

もちろん、それは事実。

でも、論考・分析は別だ。報道されたこの中曽根要請話について、「これで自民党の攻撃が尻すぼみになる可能性があるのじゃないか」「結局、このようにして自民・民主入り乱れた政争の具になってしまっているわけで、お互いの批判などできないだろう」などと書くのは、論考・分析である。

論考や分析は一次情報をもとにロジックを組み立てていくものであって、必ずしも取材は必要ない。もちろん追加取材でさらに突っ込んだ分析ができるようになるのならそれに越したことはないが、さんざん取材した挙げ句にくだらない論考しか垂れ流せないマスコミ記者の記事よりも、いっさい取材していないブロガーの論考のほうがずっと良質というケースは、無数にある。

論考・分析は、情報を読み込む能力さえあれば、誰にでもできるからだ。その点においては、取材現場にいるマスコミ記者も、机の前に座ってブログを書いているブロガーも、同じスタート地点に立っているのである。

だから「取材していないブロガーの記事は信用できない」と言い張ることには、ほとんど意味がないのだ。それを頭においていただければと思う。

本書は政権交代という日本社会の大転換期に、勃興しつつあるインターネット論壇が何を語り、何を議論したのかということをできる限り追いかけてまとめた本である。その論考・分析能力の素晴らしさに、ぜひ驚いていただきたい。

なお本書で引用した記事中の明らかな事実や表記の間違いは修正し、また敬称についても略させていただいた。

二〇一〇年二月八日

佐々木俊尚

目次

第一章

政権交代が起きた深層

説得力のない新聞の選挙分析

政権交代を引き起こした本当の理由は、いったい何だったのか。総選挙が終わって民主党の圧勝が確定すると、新聞各紙はさっそくさまざまな分析記事を掲載した。ところがどれを読んでも、あまりにもステレオタイプな論調ばかり。集めた談話も、「どうしてこの人に聞くんだ?」と疑問符が頭の中に浮かぶような人選だった。ワイドショーのコメンテーターと変わらないレベルでしかない。

たとえば総選挙投開票翌日の八月三一日、朝日新聞は夕刊に「わかりやすさで投票 その場の答え求めた」という見出しの記事を載せた。

ここに登場しているのは、経済評論家の勝間和代を批判した『しがみつかない生き方』(幻冬舎新書)がベストセラーとなったばかりの精神科医、香山リカ。こんな内容だ。

「『欲しがりません、勝つまでは』と言っていたのが、敗戦が決まるとすぐに米国文化をしたたかに取り入れた。信念や信条より、どう振る舞うと生き残れるのかを敏感に感じ取る日本の人の習性が出たのではないでしょうか」

「『手のひら返し』という言葉がはやっているが、意見を変えることへの責任が乏しくなっているような気がする。スピード優先の世の中で、背景や連続性は重視されず、その場に応じた『答え』を求められる社会になっているのでしょう」

お得意の日本人論だが、しかしその論理はじつにいいかげんだ。「意見を変えることへの責任が乏しくなっている」ことの根拠は、どこにも示されていない。「スピード優先の世の中」にいたっては、高度経済成長時代以来の社会批判の常套句である。いまさら何を言っているのか。

朝日新聞そのものの社論も似たようなもので、同じ日の社説でこんなことを書いている。

「うねりの原因ははっきりしている。少子高齢化が象徴する日本社会の構造変化、グローバル化の中での地域経済の疲弊。そうした激しい変化に対応できなかった自民党への不信だ。そして、世界同時不況の中で、社会全体に漂う閉塞感と将来への不安である。

民意は民主党へ雪崩をうった。その激しさは『このままではだめだ』『とにかく政治を変えてみよう』という人々の思いがいかに深いかを物語る」

一九八〇年代に政治改革が叫ばれていたころからマスメディアが書いてきた論調とほとんど変わらず、何の新鮮味もない。政治不信はたしかに社会を覆っているが、そんなもの今日に始まったことじゃない。八〇年代や九〇年代の政治不信の時代には起きなかったことが、なぜ二〇〇九年に起きたのかを説明しないと、説得力はない。ただひたすら政治不信を指摘するだけでは、なぜこれほど劇的な政権交代を引き起こしたのかという説明には全然なっていないのだ。

毎日新聞はどうか。論説委員の野沢和弘は、九月一日の『記者の目』欄でこう書いている。

「テストで高い偏差値を取って進学校へ入り、医者や官僚になるか大企業に就職して、そこでもより高いポストを目指して競争し……という『単線型の成長・成功モデル』を理想とする価値観は、中央のエリート官僚主導の国家づくりとシンクロナイズ（同時化）して繁栄を築いてきた。では、それで豊かさの実感が得られたのか」

勝ち負けを重んずる価値観が社会をダメにした、といういつもの論調だ。そしてこう続く。

「そうした疑問は高度成長のころからジャーナリズムが投げかけてきたものの一つだが、雇用や医療や介護のひび割れが足元まで広がり、豊かさの実感どころか日々の生活に窮するようになって、民意のうねりが一気に顕在化したのだと思う」

新聞が指摘してきた問題が、ようやく人々の心に届いて民意のうねりとなったのだ——というマスコミ凱歌である。

しかし「民意のうねり」というのはいったい何のことだろう？　あまりにも情緒的すぎ

るこの言葉はマスコミが好んで使いたがるが、しかし具体的にそれが何を意味しているのかを示されたことはほとんどない。

本当に二〇〇九年の総選挙は、「民意のうねり」がついに顕在化したことによる結果なのだろうか？

自民党の敗因は小泉・竹中改革

ここでインターネット論壇に目を転じてみよう。

ブログ『背後からハミング』は総選挙投開票の翌日、「昨日自民党が失ったものを、労働組合は二十年前に失っていた」という心のしびれるようなエントリーを書いた。

テレビの特番が「自民の敗因は民意を失ったことだ」「自民党支持層が民主に回った」などと分析しているのを聞いて、ブロガーは強烈な違和感を感じたという。

「え？いまどき、自民党支持層とか、民主党支持層とかいるの？」

なぜ彼はそう思ったのだろうか。少しこの長いエントリーを紹介しよう。

――一〇年ぐらい前までは、仕事で土建屋に行くと選挙カード（候補者の名前が書かれているカードに住所・氏名・電話番号を記入してもらい、選挙陣営が投票依頼するために活用する。紹介カードともいう）がどっさり積んであり、数十枚まとめてカードを配布するように依頼された。週末の集会への動員を家族ぐるみで依頼されたことも珍しくはなかった。

これはじつのところ、労働組合でもまったく同じように採用していた選挙運動方法で、単組（単体組合）の事務所には一〇〇〇枚単位で選挙カードが送られてきて、「いついつまでに組合員の家族分の紹介カードを回収し、個別に電話しろ。それと出陣式と千秋楽には選挙事務所に30人動員しろ。もし動員がショートしたら、候補者と運動員の前でお前と書記長で土下座な」と本部から電話がかかってきたりしたという。

しかしこうした労組の動員は、九〇年代前半にはだんだん消滅していった。背景には、労組が中道化していった結果、経営層とのあいだに強い対立軸を構築できなかったことがある。労使対立をあおるのではなく、経済成長を維持することによって労使ともに生活を豊かにしていこうという方向に舵が切られたのだ。九〇年代という時代においてはこの路線はけっして誤りではなかったが、しかし結果として産別組合の利益と企業の利益が徐々に同じ方向に向かい、経営者と労組が同じ候補を支持するような事態が起きた。この結果、地方選挙では「与野党すべてが相乗り」というような候補が続出し、自民党と野党のあいだで対立軸が形成されないという副産物も招いたのだった。

おまけに国内経済はグローバリゼーションへと巻き込まれつつあったから、企業はゆるやかに成長を維持しているのに給料はいっこうに上がらないという状況が当たり前になってくる。労組の組合員から見れば、「労組の支持する候補に入れたって、結局は企業が豊かになるだけじゃないか」という反発につながっていくのは当然だった。

ブロガーは書く。

「『委員長。カードは書くけどな、俺は入れんで』『委員長、動員には行くけどな、ようなるんは企業ばっかかで、企業がようなってん、そんとき俺らはリストラされちょんやん』。

思えば、それより少し前、連合という労働運動の中道化が、すでに労働組合の政治性を極端に薄めていたのかもしれません。事実、90年代前半の連合の政治分裂とともに、労働組合のよりしろだった社会党は凋落しましたし」

そして二〇〇九年の総選挙では、これとまったく同じ事態が従来の自民党支持基盤で起きたという。いつもなら積極的に選挙運動を行っている土建屋から、カード攻勢も動員攻勢もなかったというのだ。おまけに自民党の早朝動員につきあってみると、土建屋の従業員たちがそろって「今回は俺は民主党に入れる」と言う。

「今までの自民党って、同じ土建業でも地場企業と直接つながっていましたよね。だから、地元に仕事を持ってくることが、すなわち地場企業の利益につながってました。それがひいてはその地場企業で働く従業員の雇用を守り、さらにそれがその地場企業で働く従業員の自民党への投票に繋がっていたんですよね。

でも、おおざっぱに小泉・竹中政権後の自民党は、公共事業はグロスで確保しながらも、ゼネコンなどいわゆる上場企業への利益誘導優先で、株式なんぞとはとんと無関係の地場企業がその政策からスッポリ漏れてしまったんです。そっちはほら、むしろ抵抗勢力ってことで、グローバルな常識でもなきゃあ合理的でもない閉鎖的取引慣習として積極的に排除されたんですね」

「小泉・竹中路線が目指したのは、企業は企業でも、まさに大企業を世界に売りだすためのルールを作ることでした。

そんな中で、『こりゃ、これ以上自民党を支持しても、上場企業ばかりが得をする政策をとって、地場中小にしてみれば、上場企業の従業員どころかただのエサにされるだけだな』と、かつての自民党支持層が思い始めても不思議ではありません。実際、それと同じことを前回の国政選挙あたりから、僕の知り合いの社長さん連中は口にしていました」

小泉・竹中改革はグローバリゼーションに対応するための戦略として、公共事業を主軸とした富の分配モデルから脱却し、国際競争力を発揮できそうな先端産業に富を移行させようとした。結果としてこれが地方への利益誘導システムを破壊することになり、つまりは自民党の支持基盤を崩壊させることになったのだった。

ここで間違えてはいけないのは、このポイントだ――小泉改革が潰したのは「地方」そのものではなく「公共事業による地方への利益分配モデル」だったということ。

この利益誘導システムができたのは、戦後の高度経済成長時代だ。公共工事を使って地方に利益分配を行い、同時に集票マシンにも使うという巧みなモデルを確立したのは、あの田中角栄である。

そしてこの「田中システム」に対して、新聞は「政治家の利権である」として強く批判し続けてきた。

たとえば朝日新聞。いまから一五年前、一九九五年の大型連載「戦後50年」の中で、「利益誘導政治」という見出しをつけてこう書いた。

「政治家が選挙民の利益を代弁し、国政に反映すべく努めること自体は、不健全ではない。むしろ民主政治の原形と言っていい。だが越山会は、田中が代議士に初当選して十五年もすると、当初の篤志家の集まりから、土建業者の団体に変質していった。

政治家田中のもとに、公共事業をめぐる利権を求める業界と、予算を付けることで権限の確保を図る官僚とが群がる構造は、新潟三区で築かれた。この利権構造が、一地方のみならず国家の水準まで侵食する。

利益誘導政治には、その見返りに政治家が金品を要求したり、受け取ることを当然としがちな落とし穴がある。この三者でつくる構造は、不透明な取引の一角がロッキード事件の法廷に引っ張り出された後の今も、生きながらえる」

小泉純一郎は、この構造を崩壊させたのだった。そうであれば、議論すべきはこの構造のあとにどのような「地方への富の分配」を行うかということだ。けっして利益誘導政治を懐かしがることではないはずだ。

消滅する選挙基盤・浮遊化する有権者

『背後からハミング』に戻ろう。ブロガーは、こう結んだ。

「結局、今回の選挙で、日本の政治は左派にせよ右派にせよ、中間層・浮動票層がその場その場で立場を切りかえる支持層になったんだと思います。

これまでのように、労働者だけに甘い政策を打ち出したり、企業だけに甘い政策を打ち出していればいい時代は、今回できっぱり終わったんだと。

逆に言えば、左派も右派も、もう自分たちの声は、自分たちが左派であるあるいは右派であるというだけでは、支持政党には無条件では届かなくなったということに気付かなくてはいけません」

利益誘導が行われなくなった結果、支持基盤は消滅して有権者は浮遊化した。この流れは、もう後ろにはけっして戻らない。仮に今後有権者が民主党を支持し続けるにしろ、あるいは自民党に戻るにしろ、それらの判断はつねに「自主的」なものであって、けっして「利益が得られるから」という功利的なものにはならない。

だがこの構造変化が、マスコミにはまったく理解されていない。選挙前の八月六日に朝日新聞主筆の船橋洋一は一面から始まる派手なコラムで、こう書いた。

「すでに政治の『現場』は大きく変容している。農協、医師会、特定郵便局、商店街、建設業協会といった自民党支持層が液状化し、そのかなりの部分が民主党に流れ込み始めた。『彼らは自民党が政権党だったから支持してきたまで』と自民党重鎮は憮然として言った」

「民主党は政党としての自画像をもっと明瞭に描くべきなのだ。自民党支持基盤を〝食う〟ことで利益誘導型保守に変質してもらっては困る。それこそ政治的な『居場所』と『出番』のない無党派層、それも若い世代が政治に参画するよう、両手を差し伸べるべきである。日本に二大政党時代が訪れるのなら、保守対リベラルの戦いを望みたいものである」

だから、そういう話じゃないのだ。支持母体が自民から民主に移ったとか、保守対リベラルのイデオロギー対決が期待されるとか、あまりにも外れている論点がいっそ悲しくさえある。そもそも民主党に票が流れたのは、民主党に公共事業の誘導を期待したからではないだろう。

もうそういう時代は終わったのだ。

ネット論壇の分析を、もうひとつ紹介しよう。

大阪在住の社会学者が書くブログ『sociologbook』。このブログも『背後からハミング』と同じように、公共工事の消滅が自由投票を招いていることを、専門分野の被差別部落と沖縄を題材にしてわかりやすく説明している。

これまで被差別部落の人たちは、公共工事によって生計を成り立たせていたという。

「たとえば、これは西日本のある農村部落の例だが、地域の解放同盟の支部が主催する『人権と文化のつどい』みたいなお祭りが毎年あるんだけど、そのなかで地元の小学生がたくさん出てきて、『こんな立派な橋ができました！』『こんな素晴らしい道路ができました！』と、地元の人びとに報告するというイベントがあったりする。

このイベントには大事な意味があって、一昔前はきわめて劣悪な生活環境におかれていた部落の人びとが、運動と同和予算のおかげで人並みの暮らしができるようになった、ということを確認して、運動の重要性を将来の世代に伝えていこう、ということなんだけど」

しかし小泉改革以降、先ほども説明したように公共事業はすっかり減ってしまった。このせいで地方の土建屋も壊滅してしまう。同和地区の生活を成り立たせている基盤がすっかり弱ってしまったのだ。

これは沖縄も同じだったという。沖縄県内の建設業の総生産額は、一九九六年に約三八四〇億円だったのが、二〇〇五年には約二七二五億円と一〇年で三割も減少してしまっている。

この結果、何が起きたか。

「そしてついについに、今年の沖縄県建設業協会は、自民党の公式の支持をやめて、会員の自主投票にまかせるという事態に至ったのである。戦後の沖縄県における建設業が果たしてきた政治的役割を考えれば、実に感無量である」

「民主党も自民党以上に公共事業を削減していくだろうけど、古くからの自民党支持層であるところの『地方の土建屋』っていうものにとっての自民党を応援するメリットが、ここ数年で急激に小さくなってきていることは確かです。そのへんの、あまり表立って報道されない激しい変化が、部落や沖縄でフィールドしてると体で実感できます」

「長期的には誰が首相になっていても国家の財政状況から考えればシジフォスのような公共事業は早晩縮小される運命にあり、要するに自民党が戦後営々と作り上げてきた『国の基盤システム』の一部であるところの、『公共事業→土建屋→選挙応援→公共事業』というサイクルが自然消滅しつつあるのである」

民主党に求められる新たな「富の分配システム」

人気ブログ『カトラー：katolerのマーケティング言論』は、この富の分配システムは高度経済成長時代の終了とともに、とっくに機能不全に陥っていたと指摘した。

「小泉純一郎は、自民党が既に政党として機能不全に陥っていることを正確に理解していた。だからこそ、『自民党をぶっ壊す』と大見得を切って、郵政、道路族議員たちを『抵抗勢力』と呼んで敵役に仕立てあげ、小泉劇場に無党派層を惹きつけることで党勢を維持した。小泉改革とは、経済システムの改革であると同時に、高度経済成長が終わり、機能不全に陥った自民党の延命策であり、小泉は自民党にとって破壊者であると同時に救世主でもあった」

けれども、この延命策は自民党には毒薬でしかなかったということだ。劇場政治によっていったんは人気を集めることができたものの、最終的には支持基盤を消失させる引き金になってしまったからだ。

カトラーは、自民党は新たな支持基盤を確保する可能性もあったのにもかかわらず、みずからその芽を摘んでしまったと分析している。

「4年前の衆議院総選挙には、ホリエモンが自民党の推薦を受けて、立候補していたことを思い出してほしい。規制緩和や経済改革によって生まれてくる新興の経済勢力と手を結ぶ可能性がこの時の自民党には生まれていたにもかかわらず、ホリエモンを社会的に葬り、かんぽの宿の売却問題では規制緩和の旗振り役であったオリックスなども足蹴《あしげ》にすることで、経済成長の芽とそれを担うべき新興勢力との関係を無に帰してしまった」

つまり小泉・竹中政権が新自由主義的な政策を打ち出したのだったら、ホリエモンをはじめとする新興新自由主義勢力と手を結べば、一大政治パワーになった可能性もあったということだ。しかしこれまで利益分配的な政治をしてきた自民党には、そこまでの転換を行う勇気はさすがになかった。もちろん、そういう転換策をとったからといって広範な支持を得られたかどうかはわからないけれど。

でも実際には、東京地検がホリエモンや村上ファンドをたたき潰し、オリックスも政府が蹴っ飛ばしてしまったことで、そうした新興勢力は自民党の敵だということを天下にしらしめてしまったのだった。

これは民主党も同様で、反自民を旗印に政権交代は勝ち取ったものの、どのような富の分配システムをこれから再構築し、その政策を遂行していくうえでどのような人たちを支持基盤にしていくのかという戦略はいまだによくわからない。

「自民党とは、高度経済成長下における富と利権の分配・談合システムであり、バブル崩壊とともにその役割も終わっていたが、今回の敗北でついに命運が尽きた。政権を奪取した民主党に求められるのは、低成長下における新たな富の分配システムの構築と新たな成長戦略になるはずだが、まだ何も見えていない」

「保守vs.リベラル」という戦後幻想の終焉

かつての五五年体制下では、自民党も社会党も支持基盤は強固だった。自民党は先にも書いたように田中角栄が地方にカネをばらまき、公共工事を誘導することによって、土建業を中心とした巨大な支持基盤ネットワークを全国津々浦々に構築した。『sociologbook』が言うように、公共事業をえさに土建屋を集票マシーンとして糾合し、そして当選すればさらなる公共事業を誘導するという仕組みができあがっていたのだ。

自民党がそういう利益誘導システムを作るいっぽうで、野党の社会党は労働組合のネットワークをバックにして、労使対立と重ね合わせるかたちで自民党への対立軸を作り上げていた。でもこれは、五五年体制崩壊後に「じつは国会での対決は演出で、事前に自社の国対委員長で談合して『落としどころ』をいつも決めてました」と暴露されたことでもわかるとおり、幻想の対立軸でしかなかった。政治家はみんなそれを隠していて、おまけに本当のことを知っているマスコミの政治部記者も紙面では「与野党激突！」などという記事を書いたりして、それが幻想であることはずっと隠してきたのだった。

労使の対決だって同じだ。本当に労使が対決していたのは、一九五九年から六〇年の三井三池炭鉱争議までで、その後は徐々に労使協調に移行した。それでも労働組合がパワーを持ち続けたのは、自民―土建屋公共工事とは別の流れで、組合を基盤として社会党へとつながるオルタナティブな公共空間を構築できていたからだ。

結局、高度経済成長とその後のバブル経済の中で、みんな右肩上がりに増えていく富をただひたすら分配していればよかったというわけだ。表向きは「対立」とか言いながら、裏側ではみんな手を握っていたというのが日本の戦後社会のあからさまな構図だったのだ。

でも富がなくなった瞬間に、この幻想の対立は意味がなくなってしまう。カネの切れ目が、縁の切れ目だ。裏側で手を握っても富が分配されなくなったから、「じゃあ表に出ろや」とガチンコの決着をつけようと考える人がたくさん現れてくる。

それが二〇〇〇年ごろから日本で起きていることだ。

五五年体制の崩壊、そして終身雇用制の瓦解とグローバリゼーションの波の中で、昔の幻想の対立と、それをもとにした支持基盤というのは、まったく意味がなくなってきている。それをブロガーたちは生々しく実感しているのだった。

この先には、もう選挙における組織戦など存在しない。

これからどうなるのだろう。

膨大な数の浮動層だけが存在し、その浮動層の動きによって政権が次々と替わっていくような選挙になっていってしまうのかもしれない。

これは本当に二大政党制の幕開けなのだろうか？

アメリカの政治学者、ジェラルド・カーティスは選挙翌日の八月三一日、日本外国特派員協会での講演で次のように言った。

「選挙のたびに浮動票が一斉になびき政権交代が続けば、重要な政策が遂行できず日本は取り返しのつかない下り坂に入る」

「日本のように（引用者注：右派や左派の）固定票がなく、同質性の高い社会には小選挙区制度は合わない」

そしてカーティスは、「世論の雰囲気に影響されにくい中選挙区のほうが日本の政治風土に適している」と指摘したのだった。

でも本当にそうなのだろうか？　中選挙区に戻すとかそういう小手先の変更じゃなく

て、もっと抜本的な他の方法はないんだろうか？　たとえばインターネット民主主義は？

それについても、インターネットの人々はもう考え始めている。民主主義のあり方が今後どう変わっていくのかは、この本の中でおいおい説明していこう。

第二章

民意は民主党を選んだのか

民主党は圧勝なんかしていない

民意というものをどうとらえるのかは、本当に難しい。でもだからといって、自分の勝手な思い込みだけで「民意はこうだ！」と説明されても、何の説得力もない。

しかし総選挙後のマスコミ報道には、そういう何の根拠もない論理で民意を説明した記事がじつに多かった。

たとえば九月三日には、ジャーナリストの田原総一朗が日経ＢＰ社のニュースサイトでこんなコラムを書いていた。

「総選挙の結果が出た。

率直に言って、民主党の勝ち過ぎだと思う。

民主党３０８議席、自民党１１９議席。

政権交代が起きたことはよくわかる。そして政権交代が起きたことはいいことだと思う。

しかし、この民主党の勝ち過ぎに逆に不安が残る。気持ちが悪い。

日本人はどうも一辺倒だ。一辺倒であることが問題であると思うが、それが出てきたのかと。

私は古い世代だが、戦争中は戦争一辺倒だった。戦争に負けると、今度は平和一辺倒になった。

そして、1990年代にソ連が崩壊して共産主義がだめになると、今度はアメリカ一辺倒になった。このときはアメリカ一辺倒とは言わずに、〝グローバリズム〟と言っていた。アメリカの真似をしたというわけだ。

そして去年、リーマン・ブラザーズが倒産しアメリカが金融パニックになって大不況になると、今度は、アメリカはだめだ、というふうになる。

4年前、小泉さんが郵政民営化を掲げて、自民党が約300議席を取った。

そして『今度は政権交代だ』と、民主党が308議席を取ってしまった。

この一辺倒さは決して健全とは思えない」

テレビや新聞でこうした意見を述べた有識者は多かった。冒頭で紹介したように、香山リカも田原とまったく同じ論調で、「信念や信条より、どう振る舞うと生き残れるのかを敏感に感じ取る日本の人の習性」などと日本人の同調主義を嘲笑していた。

何でもすぐに同調してしまう日本人——というのはきわめてステレオタイプだが、誰でも主張しやすいし、おまけに高齢者から賛同されやすい。「そうだそうだ、最近の若者は本当に同調してばかりでいかんな」という調子である。

でも、本当にそんなに日本人は同調しやすいのか?

じつはそんなことは、まったくない。

私は田原総一朗の仕事に深い敬意を抱いているが、しかしこの記事はほとんど何も調べずに脊髄反射だけで書いたとしか思えない。実際、田原や香山の主張がいかにバカげているかを、ブロガーたちは公表されているデータをもとにして即座に暴いてしまった。

マーケティングの専門家が書くブログ『大西 宏のマーケティング・エッセンス』は田原のコラムに対して、こう言った。

「もちろん得票率でも民主党はトップで、国民がフィーバーした小泉郵政選挙で自民党が獲得した得票率よりも高い得票率を獲得したことは事実だとしても、議席数で大勝したのは小選挙区制度の特徴です。

事実は、小選挙区での民主党の得票率は47・4%、比例区では42・4%でしたが、議席占有率では73・7%でした。その73・7%という結果を見て、日本人は一辺倒だと決めつけることができるのでしょうか。まして『この一辺倒さは決して健全とは思えない』と断じていらっしゃるのですが、小選挙区制度独特の力学の視点が抜けた議論はちょっといただけません」

議席はたしかに三〇八対一一九と民主党が圧倒的多数だった。全四八〇議席のうち割合にすると六四・二パーセント対二四・八パーセント。小選挙区での議席比率に限ると、七三・七パーセント対二一・三パーセントになる。

でも得票率で見れば、それほどの差はなかったのだ。

小選挙区では民主党が四七・四パーセントに対して、自民党が三八・七パーセント。わずか八・七ポイントの差しかない。これが要するに小選挙区制のマジックということなのだが、多くのマスコミ人は「日本人の大半が民主党に同調してしまった！」と短絡的に結論づけてしまったのである。データを見ればすぐにわかることなのに、選挙結果の基礎的な数値さえ見ようとしないのだ。

この根拠のない分析はマスコミのいたるところに広がっていた。もうひとつ例を挙げよう。夕刊紙、日刊ゲンダイだ。「日本人はピンク・レディーからダメになった」というよくわからない書き出しで始まる記事には、こう書いてある。

「かつては敗れそうな候補に同情票が流れたものだが、今は違う。〈水に落ちた犬は打て〉とばかりに叩きのめす。日本人の気質を表した〈判官びいき〉は、もはや死語だ」

日本人のよき精神性が失われていると嘆き、そしてこう続く。

「郵政選挙の直後、精神科医の和田秀樹氏は『幼少期にピンク・レディー現象が吹き荒れた、1965（昭和40）年以降に生まれた世代から日本人の気質は〈勝ち馬タイプ〉に一変した』と喝破していた。

ピンク・レディーのブームまでは『ご三家』『三人娘』に代表されるように、クラス全体が一組のアイドルに熱狂することはなかった。いじめが社会問題化したのも、ピンク・レディー世代の中高生時代。仲間外れを極端に恐れ、大事なのは〈ノリ〉と〈その場の空気〉。『ノリが悪い』は最低の評価で、『空気が読めない』とののしられる。そうして周りの雰囲気に流されやすい〈勝ち馬気質〉を醸成していった」

批判するのもバカバカしいくだらない内容だが、もう少し続けよう。

「政治家の資質や言動だけでなく、『郵政民営化』『政権交代』というワンフレーズが選挙の雌雄を決するようになったのも、ピンク世代が流行を追う感覚で政治をとらえている証拠だ。『今回の選挙では「祭り」や「ブログ炎上」と呼ばれるネット上のヒートアップ現象が、現実社会に飛び火しました』と分析するのは、臨床心理士の矢幡洋氏だ。

『有権者は森喜朗、古賀誠といった自民党の大物が苦しむ姿を楽しんでいるように見えました。いわば壮大な「いじめ」のようなもので〈参加しない者は許さない〉ムードに全員が従ってしまう。いったん火が付けば止まらず、昨日まで偉かった人がターゲットになるほど面白い点も一緒。いじめは個人の主体性の欠如からエスカレートします。今の日本人は幼い頃から豊かさを享受し、自ら運命を切り開かなくても十分な生活が保てます。その結果、決断力が鈍り、主体性が希薄になっているのです』」

このような根拠のない論評から、いったい何を読み取れというのだろうか？

データで分析する民主党の勝因

金融ビジネスに携わるビジネスマンのブログ『漂流する身体。』は過去四回の総選挙での比例区得票数を図式化し（次ページの表1）、次のような分析をじつに見事に展開してみせた。

「実は今回の自民の得票率は、３回前の選挙、いわゆる森内閣下での神の国解散と大差無い。その時は自民党は２３３議席を取れて、なぜ今回１１９議席に終わったのか。これには明確な要因があって、比例区での議席獲得は今回『自民党の解散みたいな解散』55議席、『神の国解散』時は56議席と大差ない一方、小選挙区が自民大敗だったのである。みんなが勝ち馬に乗って民主に票をいれまくったというよりは、民主が野党諸派に分散していた反自民票をこの３回で糾合し、小選挙区で自民と戦える勢力を形成できていたのが、今回の勝因と思われる」

「民意が動いた」とかそういう情緒的な理由ばかりをマスコミは書いているが、じつのところは民主党側のストラテジー（戦略）が徐々に練られてきて、政治勢力を集結させ、今

表1

党派名	今回の得票数	今回の得票率	前回の得票率	前々回の得票率	3回前の得票率
自　民	18,810,217	26.7	38.1	35.0	28.3
民　主	29,844,799	42.4	31.0	37.4	25.2
自　由					11.0
公　明	8,054,007	11.4	13.2	14.8	13.0
共　産	4,943,886	7.0	7.2	7.8	11.2
社　民	3,006,160	4.2	5.4	5.1	9.4

回の選挙でうまく花開いたという部分が大きかったのだ。しかしこういう視点で選挙結果を分析したマスコミはほとんどなかった。

新政権下で弱体化するリベラル勢力

この政治勢力の集結にともなって、今後の政治の対立軸はどうなっていくのだろうか。「リベラルvs.保守」というのは幻想の対立軸でしかなかったと先ほど書いたけれども、じゃあ民主党が政権を取ったことでこの対立軸は幻想を本当にはぎ取られるのだろうか?

政治勢力が結集されたこととは裏腹に、これまで「リベラル」と呼ばれてきた左の勢力がじつは解体に向かうんじゃないか? という刺激的な分析をしてみせたのは、岩波書店勤務の在日三世、金光翔だ。ブログ『私にも話させて』で、こう書いた。

「今回の衆議院選によって、小林よしのりや田母神《たもがみ》（引用者注：田母神俊雄。航空幕僚長だったが、集団的自衛権に関して政府見解と異なる意見を論文で発表し、解任された）〈在特会もか〉（引用者注：在日特権を許さない市民の会。インターネットをベースに活動している右翼団体）に象徴されるような右派の政治勢力を主要敵とするような、左派ジャーナリズムおよび日本の大多数の左派の、『左』としての存在意義は実質的に消滅した、と言えるだろう。今後、これらは、『政策提言』路線と『是々非々』路線のどちらか（どちらも）になるだろうが、『政権交代の大義』の下で細川政権への批判を半ばタブー化した、かつてのマスコミのような振る舞いを行うだろう。体制への批判力が弱まる、または消滅することは間違いない」

ちょっと難解な文章でわかりにくいが、要するにリベラル勢力は、鳩山政権を維持するために意志を曲げなければならなくなる局面も当然出てくるだろう、という意味だ。たとえば自衛隊海外派遣問題とか、普天間問題。

その例に挙げているのが、民主党の新人衆院議員、櫛渕万里。彼女は元ピースボート事務局長で、平和運動や戦後補償運動でも顔が広く、いってみればゴリゴリのリベラルだ。

金は、彼女が初当選直後、朝日新聞と東大の共同調査に答えたアンケートの内容を問題視している。彼女は、次のように回答しているのだ。

「憲法を改正すべきだ」の意見に賛成ですか、反対ですか。

——どちらかと言えば反対

「道路予算を維持すべきだ」の意見に賛成ですか、反対ですか。

——反対

「5年以内の消費税率引き上げはやむを得ない」の意見に賛成ですか、反対ですか。

——どちらかと言えば反対

「永住外国人の地方参政権を認めるべきだ」の意見に賛成ですか、反対ですか。

——どちらかと言えば賛成

A「日米同盟は日本外交の基軸」、B「日本外交は国連中心主義で」のどちらに近いですか。

——どちらかと言えばB

これからの日本は、どんなふうに呼ばれる国になってほしいですか。

——平和・文化国家

ブロガーは書く。

「過去の彼女の活動を見る限り、前者（引用者注：憲法改正）には『反対』、後者（引用者注：外国人参政権）には『賛成』と答えると、普通は思うだろう。この『どちらかと言えば』とは一体何なのだろうか。前者には『反対』、後者には『賛成』と答えている民主党議員は存在しているから（例えば小沢一郎ですら、後者には『賛成』と答えている）、党としての見解に縛られている、というわけではない」

「保守層に支持を拡大するためには、『左翼』的ととられそうな言動を控えた、という『事情』もあるのだろう。だが、問題の本質はそこにこそあるのではないか」

もしそうやって「政権交代の大義」のためにリベラル勢力が本来あるべき主張を押しとどめてしまうとしたら、ではいったい誰が「左」の側から鳩山政権を批判するのか？「左」からの批判者はいなくなってしまうのではないか？

そういう危惧を、金は提示したのだった。

反貧困や福祉といった政策について、従来のリベラル勢力だけではなく保守層にまで支持を広げようとするのであれば、論争を生じやすい安全保障や外国人参政権などの問題についてては主張を弱めざるを得なくなる。政権を維持するためには、アグレッシブな主張はできるだけ取り下げて、中道的な政策を前面に押し出していくしかない。

この問題は、政権交代後の盛り上がりのさなかに出版されて注目された本『二大政党制批判論　もうひとつのデモクラシーへ』（光文社新書）でじつはきちんと指摘されている。著者の北海道大学准教授、吉田徹は「単峰型社会」という言葉を使っている。

本の中で紹介されているのは、次ページの図1のグラフ。縦軸は有権者の数、横軸は政策やイデオロギーの幅だ。中庸的な政策を支持する人は非常に多くて、それが左右に広がってアグレッシブになるにしたがって徐々に減っていくというような社会の場合、真ん中に山ができる「単峰型社会」になる。

「こうした政治社会では、2つの政党は真ん中に位置する有権者の票を求めて、中央に寄ってくることになる。そして、このような状況下では、可能な限り政策を曖昧にしておくことが、政党にとっての合理的な行動になるとダウンズ（引用者注：アンソニー・ダウンズ。アメリカの政治学者）は予測している。なぜなら、政党が求める有権者が真ん中に寄っているため、有権者の志向は重複して存在しており、こうした状況で政党が政策を過度に明確なものとすれば、有権者の一部しか獲得できないことになるからだ。これは、得票率を最大化したい政党にとっては自殺行為となる。それでも何とか支持を集めようとする政党は、結果として、与党批判や官僚批判といった『シンボル』をめぐっての政治を繰り広げることになる」

政党は中央に近寄ろうとするから、政策の違いがだんだん小さくなってしまう。だから

図１「単峰型社会」における二大政党

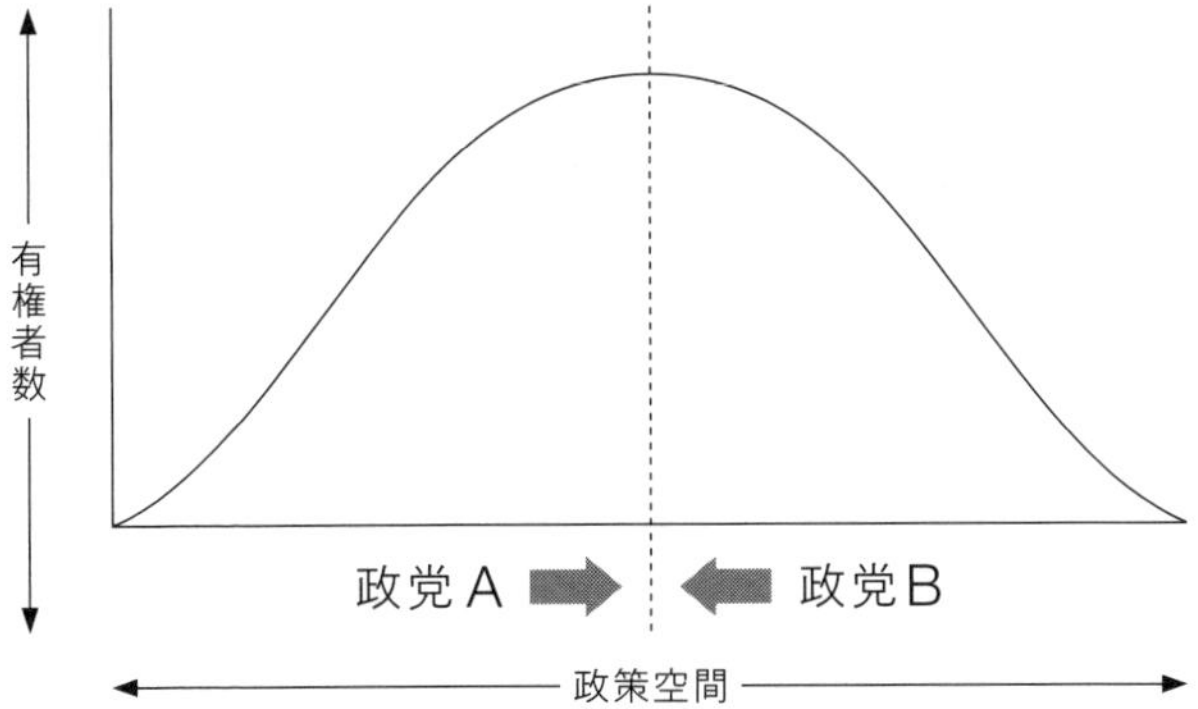

吉田徹『二大政党制批判論』から引用

キャッチフレーズとかイメージとか有名人を出したりとか、選挙はそういう「シンボル」中心の戦いになってしまう。

おまけにそうやって政党が中央に寄ってしまうということは、はじっこの方がかえりみられなくなってしまうということでもある。つまり単峰型社会では、社会の両端に位置している有権者は見捨てられやすい。

金の危惧しているのは、まさしくこの点だ。長い期間にわたってリベラルは、自民党政治に対するカウンターとしての存在意味を持っていた。それはあくまでも、絶対に実現しない万年野党としてのオルタナティブだったからこそ、存分にアグレッシブな主張を展開し、「政策を過度に明確なもの」にすることができたのだった。

ところが政権交代によって、民主党は真ん中の山へと寄っていかなければならなくなった。これは民主党からアグレッシブさを失わせて、シンボル的な戦いに踏み込んでいくことを意味していて、ひいてはリベラルの言論を弱体化させることになる、というのが要するに金の考えていることだ。

彼はブログで書く。

「この枠組みの下で、左派は自発的に『反日』または反『国益』的な主張を、『どちらかと言えば』というレベルにまで薄めるか消去するかする。こうした立場では、改憲やレイシズムに対抗できないだろう（というか対抗する気がそもそもないのかもしれない）」

たぶん金の指摘はかなり正しいのだろう。

社会の分断化がもたらす政治的争乱

でもいっぽうで、日本がいつまで単峰型社会でいられるのか？　という疑問もある。

皆さんご存じのように、日本社会の分断化は激しい勢いで進んでいる。

正社員と契約社員。

都市と地方。

団塊世代と若者。

このような分断が進んでいけば、いずれは日本の政治空間は単峰型ではなく、両極に人が寄っていく「二峰型」に変質していく可能性もあるかもしれない。そうなれば政策による対立軸がくっきりと浮かび上がってくる理想的な二大政党制に移行していくのだろうか？

しかしことは、そう簡単ではないのだ。先ほどの『二大政党制批判論』をもう一度引用してみよう。

「中央で山を描く単峰型社会だけではなく、両極に山ができる『二峰型社会』のモデルもある。しかし、このような社会のもとでの二大政党制は極めて混乱し、革命的状況を呈することになると指摘されている。なぜなら、政権交代によってイデオロギーや政策が大きく転換し、片方の政策が一方の社会（『峰』）に強引に押しつけられることになるからだ」

これは恐ろしい未来だ。いつか日本でも、この分断が憎悪をもたらし、社会をひび割れさせる政治的対立へとつながっていくのかもしれない。幻想の対立なんかではなく、ガチンコの血で血を洗う対立だ。そう考えると日本の政治空間は、いまやひそかに重大な局面へと進みつつあるのかもしれないという気がする。

リベラル系雑誌『週刊金曜日』編集長の北村肇は、自身のブログで「有権者の破壊衝動によって生まれた民主党政権」と書いた。

「革命に匹敵するような民主党の圧勝は、皮肉な事実を浮き彫りにした。それは、4年前も今年も、大勝したのは『政党』ではないということだ。前回は、『改革を阻む古い勢力をこわす』という小泉純一郎氏のあおりに有権者が乗せられた。いや、この表現は正しくない。そもそも市民の心に潜んでいた『閉塞状況を打破したい』との思いが、小泉氏の『一言政治』と波長があったのだ。郵政民営化などどうでもよかった。つまり既存の政権をぶっこわしたいという市民の欲求の発露こそが『自民圧勝』をもたらしたのであり、自民党そのものを選択したわけではない。その意味で二つの総選挙は構図が同じなのである」

「創造のためには破壊が必要である。しかし展望のない破壊は、虚無感とともに、一層、茫漠とした不安感を引き起こす。よってたかって自民党を池に落とした有権者は、まだ興奮冷めやらない面持ちを残したままだ。もし民主党が期待を裏切ったら、今度はどこに矛先を向けるのか、予測もつかない」

この破壊衝動を建設につなげていくことは可能なんだろうか？　破壊がそのままガチンコ対立に行ってしまうんじゃないだろうか？　そうならないためには、われわれはどうすればいいんだろうか？

ブログ『風観羽　情報空間を羽のように舞い本質を観る』は、こう書いた。

「選挙戦を前に、国民が何らかの変化を望んでいる事が繰り返し報道されていたし、皆がそう感じた結果が、『政権交代』を後押ししたことは、誰もが認めるところだろう。だが、だから と言って、具体的にどのようになるのがいいか、という展望については、各政党から示されていないと言う以上に、有権者＝国民の側にも具体的な見通しを欠いていた。選挙という形を通じて、非常に鮮明にそれが浮かび上がったように思う」

政権交代によってはからずも、政界側ではなく有権者そのものがじつは混迷していることが、逆に浮かび上がってしまったのである。

第三章

記者クラブ開放をめぐる攻防

政権交代で自己陶酔する朝日新聞

新聞は、ブロガーたちが解き明かしてきた日本の構造変換にはほとんど無頓着だった。政権交代という表層的なできごとにただ興奮し、大騒ぎするだけだったのである。

選挙戦の中盤、各紙の世論調査が民主党圧勝を予測したことに対して、八月二四日の朝日新聞のコラム『天声人語』はこう書いた。

「報道に身を置く者にも、この戦後史の山場は勝負時である。久しぶりに、いや初めて『歴史』に関与している感慨を覚える。コラム書きではなく、一人の有権者として」

こういう記事を何と呼べばいいのか。「勝利宣言」だろうか。

じつのところ『天声人語』は総選挙まで、麻生太郎前首相を口汚くののしってきた。

「麻生首相の言葉を聞くにつけ英国の詩人、ウィリアム・ブレイクの名言が浮かぶ。〈キツネはわが身をとがめず、わなを責める〉。失敗のたび、不運や状況のせいにしては進歩なし、という戒めだ▼（中略）未曽有の経済危機、ねじれ国会など、『わな』を責めることが多い人である。底なしの支持率も『世論の無理解』と翻訳しかねない。キツネ首相に『国を挙げて危機を乗り切ろう』と言われて、奮い立つ国民がどれほどいよう▼」（二月二〇日）

「麻生氏が渡米し、米国の新しいジャケット、オバマ大統領と会見した。主要メディアの世論調査の支持率は、片や1割台、片や6割台。比べたくはないけれど、冬場と夏の太陽を並べて眺める思いがする▼（中略）オバマ氏の雄弁と、麻生氏の漢字の読み違い。教師となり、反面教師となって、演説集や読み方の本をベストセラーに押し上げた▼『悪書にまさる泥棒はない』と西洋の諺《ことわざ》に言う。つまらぬ本を読まされれば、金も時間も失うことになるからだ」（二月二六日）

「言葉にも目方がある。例えば『学校に行きたくないよう』という駄々の重みは学年と共に増し、先生がこねたら大ごとだ。言葉の重さは出口で決まり、地位のある人が発したものはヘビー級となる▼（中略）首相は記者団にあっさり『最初からこだわってないと思います。話を作られると困るんで』と、またぞろ報道が先走ったかのごとき言い回しだ。迷走して転び、下手な強弁でまたこける」（五月三〇日）

「麻生首相の笑顔はバネ仕掛けを思わせる。まさに破顔一笑、記者に囲まれた渋面とは主が違うかのようだ。周囲の状況がこれだけ悪くなっても、その笑顔は形状記憶合金のごとく緩みがない。先のイタリアでも内憂そっちのけで弾けた▼」（七月一二日）

大半は読むにたえない人格攻撃だ。何が新聞の品格か。インターネットのほうがよっぽど礼儀正しい。

でも麻生を非難し続けてきた『天声人語』にとっては、政権交代は「ついに私たちが勝ったぞ」という凱歌だったのだろう。そういう政治的なポジションでしかものごとをとらえられないのだ。

これは『天声人語』だけではない。朝日主筆の船橋洋一は、九月三日の本紙一面で興奮してこう書いた。

「民主党政権の登場によって、二大政党政治、つまり政権を担いうる政党間の競争が始まった。日本の民主主義を深める機会でもある。

私たちジャーナリズムにとっても歴史的な機会と試練が訪れた。

政権交代のマグマとなった日本の経済社会の巨大な変容と新政権の挑戦を的確かつ躍動的に報道し、そこでの争点を鋭角的に議論する言論機能を強化していきたい」

腰が定まらない朝日主筆の主張

「ジャーナリズムにとっても歴史的な機会」とはいったい何のことなのだろう。

船橋は「二大政党政治は、ジャーナリズムにも大きな挑戦を投げかける」と書いている。そしてこの「大きな挑戦」というのは、こう説明されている。

――冷戦時代の自民党単独支配に対して、批判・点検する機能を果たしてきたのは野党と検察、マスメディアの三者だった。しかしこの機能は、自民党が唯一の政権党であることを前提とした「外からの批判」だった。

しかし二大政党政治の時代には、このような「外からの批判」では不十分だというのが船橋の主張だ。

たとえば今後のメディアは政策の比較や検証など、公共政策を多面的に議論するためのフォーラム機能を持たなければならない。みずからが政治に参加するひとりとして、現実的に議論しなければならない。

そして二大政党時代の新しいメディアは、批判のやり方を変えなければならないと船橋は言う。

「ここでの批判は『内からの批判』となるだろう。ややもすれば大衆迎合的言辞に流されやすい時勢の中で、こうした『熟議』の言論空間をつくることが、二大政党政治時代のジャーナリズムの役割であると思う。

民主党は、準備期間もほとんどないまま政権を担当する。試行錯誤は避けられない。君子豹変もありうるだろう。それは日本の二大政党政治と参加型民主主義を生み出すための陣痛と心得るべきなのかもしれない。私たちは、どの政党が政権を担おうが、権力監視に目を光らせていく。政府に情報公開と説明責任を求めていく。ただ同時に、米国のひそみにならい、政権誕生後100日間は、『チェンジにチャンスを』の心構えで見守りたい。『内からの批判』を旨としたい。そのようにして日本の民主主義をともにつくりたいと念じている」

この船橋の言っていることに、異論はない。だいたいこれまでのマスコミの政権批判がくだらなすぎたのだ。大半が「ためにする批判」でしかなく、対案が示されたことはほとんどなかった。それどころか「漢字が読めない」とか「ホテルのバーで飲んでいて庶民感覚がない」とか、本当にどうでもいい批判というか、非難ばかりを繰り広げてきたのだ。

そうしたバカげた批判じゃなく、熟議民主主義の流れに沿った実のある批判が起こされていくべきだというのは、まったくもってそのとおりだ。

でもそれを朝日新聞の主筆が言うのでは、話がだいぶ別だ。だって船橋は、二〇〇七年に主筆に就任した際にはこんなことを書いていたのだから。

「朝日新聞のジャーナリズム精神とは何か。

私はそれを『権力監視』にあくまで食らいつく記者根性であると思っている。権力を握るのが誰だろうが、どの政党だろうが、暴力装置を持つ権力が、国民の権利を守るのか、侵すのか。国家が人々の心の奥や財布の中にまで手を突っ込んでくることはないか。政府の外交、防衛政策が、日本と世界の平和と安全を高めているか、損なってはいないか。しっかりと見張り、正確に報道していく。戦前、アジア太平洋戦争に対しては誤った報道をし、読者を裏切った。朝日新聞は、戦後、その反省から出直した。『権力監視』と正確な報道というジャーナリズムの原点にいま一度、立ち返る。そして、それを踏まえて、時代の要請により鋭敏に応えるべく、紙面と報道の質を不断に向上させる。それによって『紙面と報道の声価を高める』責任を果たしたい」

この「ジャーナリズム精神とは、権力監視にあくまで食らいつくこと」という宣言と、「内からの批判」というインサイダー宣言は、明らかな矛盾ではないか。

ところが、まだ話はこれで終わらない。

なんと驚くべきことに、政権交代から四ヵ月が経った〇九年末にはまた船橋の論調が二〇〇七年に逆戻りしてしまっているのである。

一二月二九日に掲載された『権力監視　変わらぬ使命』というタイトルのコラムは、こうなっている。

「時の政権を監視するのが朝日新聞の使命と私たちは心得ている。それが自民党だろうが民主党だろうが変わらない。鳩山献金問題は総選挙前の本紙の特報がきっかけである。政権誕生後も『首相、事務所賃料記載せず』を報じた。いずれの記事も記者クラブ取材ではなく、地道な調査報道の成果である。『政権１００日』が過ぎたのを機に改めて、権力監視の責任の重さをかみしめたい。調査報道をこれまで以上に強化していく」

あれ？　内からの批判に変えたんじゃなかったの？

こういう論調が出てきた背景には、おそらく（終章でまた詳しく述べるが）民主党幹事長の小沢一郎が東京地検の捜査の対象になったことがあったのだろう。小沢は一一月初旬に元秘書の石川知裕衆院議員らが刑事告発され、以降朝日をはじめとする各紙はこの問題を集中豪雨的に流し始めるからだ。船橋がふたたび「権力監視」を言い出したのは、その大報道がもっとも盛り上がったさなかのことだったのだ。

ブログ『マスコミ不信日記』はこの船橋の豹変を、「まあ手のひら返しは朝日のお家芸ということなんでしょう」と思いきりバカにしたのだった。

日本のジャーナリズムが信用されない理由

私の考えでは、ジャーナリズムにとって権力監視は必要かつきわめて重要な要素であることに異論はない。でもジャーナリズムは権力監視だけをやっていればいいってものでもない。それはあまりにも反権力に偏重しすぎで、いびつなジャーナリズム観だと思う。

本来、ジャーナリズムとは客観的かつ分析的に、そしてわかりやすく世の中で起きていることを人々に伝えることであって、権力監視はそうした包括的なジャーナリズムの一部にすぎないと私は考えている。

きちんとした民主主義が行われるためのインフラとしてジャーナリズムは存在しているんじゃないだろうか。そうした民主主義的な議論や投票や政治的判断のための素材として、ジャーナリズムが情報と分析、論考を提供すればいいのだ。その視点が「外から」か「内から」かというのはあまり意味がないし、そもそもの立脚点が思いきり間違っていると思う。

だいたい、「外から」「内から」なんてことを意識しすぎることは、ジャーナリズムの視野を曇らせ、政治的な属人主義へと走ってしまう危険性を持ってるんじゃないか？

そもそもそんなふうに「外から」「内から」みたいなポジショントークばかりしてきたから、日本の政治ジャーナリズムは信用されなくなってしまったんじゃないのか？

それでも一歩譲って（と私が「譲る」などという言葉を使うのは大朝日に対しておこがましいが）、朝日が「外からの権力監視偏重ジャーナリズム」から、「内からの民主討議的ジャーナリズム」へと移行することを決意したのであれば、それはそれで評価されるべきかもしれない。

でもいままでさんざん口汚く、麻生太郎をののしってきたような新聞が、急に手のひらを返したように「内から」と言い出すその豹変ぶりが、そもそも信用できないし、船橋は案の上すぐに態度をふたたびころりと変えてしまった。ネット論壇の多くは、こうしたメディアの無定見に強烈な違和感を感じている。

ブログ『Meine Sache～マイネ・ザッヘ～』は総選挙期間中の八月二五日、こう書いた。

「徹底したネガティブキャンペーンで安倍政権をつぶし、麻生政権に対する生理的嫌悪感を植え付け、『歴史的』をあおり…、新聞の一面には連日大きな『政権交代』の隠し文字が躍り、テレビでは、『政権交代』のサブリミナル放送が行われているようなものです。

選挙というものがムードに左右されるのは仕方のないことで、古くはマドンナ旋風が吹き荒れたり、新党ブームに沸いたり、むしろムードに流されない選挙はありませんでした。小泉旋風もムードで、今回もムードです。

しかし特にムード性の強い前回と今回の選挙におけるマスコミの役割は180度違います。4年前の郵政選挙では、マスコミは意志を持たない拡声器にすぎませんでした。しかし今回はマスコミの意志こそすべてであり、個々の政治家や政党など、その駒にすぎません。

今回の選挙の勝者は民主党ではありません。マスコミです。(中略)

今マスコミは、高揚感に浸っているのです。4年前の雪辱を果たし、自らのペンとカメラで民心を操り、うだつの上がらない政党に大勝利をもたらした自らの力に酔いしれているのです」

メディア界の既得権＝記者クラブ制度

そしてこのマスコミのポジショントークが強烈に打ち出されたのが、政権交代後に起きた記者クラブをめぐる大騒動だった。いや、大騒動といってもネット論壇を読んでいない人であれば、いったい何のことやらまったくわからないだろう。新聞やテレビではほとんど黙殺され、報じられなかったのだから。

でもネットの世界では、記者クラブ開放をめぐって信じられないほどの盛り上がりとなった。

「記者クラブ」という奇習は日本とアフリカのガボンにしか存在しないといわれていて、海外のメディアや国内のフリージャーナリストからさんざんに批判されてきた。本来は誰にでもアクセスできるはずの政府の情報が、既存の新聞やテレビにしか公開されていないのだから批判されて当然だ。

でも民主党は、この記者クラブを撤廃させてくれそうな雲行きだった。

なぜなら民主党の首脳は政権交代前から、「官邸の記者会見はオープンにする」と言っていたからだ。

野党時代から民主党の会見に出席し、同党を取材し続けていたフリージャーナリストの上杉隆や神保哲生に対して、鳩山由紀夫や小沢一郎は「政権を取ったら官邸の記者会見をオープンにする」と約束してきた。たとえば鳩山は二〇〇九年五月一六日に行った民主党代表就任会見で、次のように言っている。

「私が政権を取って官邸に入った場合、上杉さんにもオープンでございますので、どうぞお入りいただきたいと、自由に。いろいろと記者クラブ制度の中ではご批判があるかもしれませんが、これは小沢代表が残してくれた、そんなふうにも思っておりまして、私としては当然ここはどんな方にも入っていただく、公平性を掲げていく必要がある」

ところが九月一六日に開かれた首相就任会見は、フリージャーナリストやインターネットメディアには開放されなかった。

会見開放の公約を反故にした黒幕

なぜこうなったのか。情報は錯綜しているが、会見翌日の一七日には日経ビジネスオンライン記者の井上理《おさむ》が官僚の暗躍があったらしいことを報じた。

井上によると、記者クラブに加盟していない日本雑誌協会に対して記者会見当日の朝、内閣官房の内閣報道室から「今回は（雑誌協会加盟社の）五人の記者にお入りいただこうと思っています」と電話があったという。

ところがこれに対して、民主党報道担当は、次のように回答してきた。

「就任会見はこれまでとは違って官邸主催になりますので。えっ、雑誌は5人なんですか？知りませんでした…。一応、従来の党本部での会見のように、雑誌、海外、ネットを入れてくれと要求はしたんですがね…」

井上はこの動きを、こう読み解いている。

「つまり、今回の就任会見では、〝主権〟が民主党ではなく、内閣官房という組織に属する官僚の手に渡ってしまった。その結果、オープンな会見が実現されなかったということである」

そして井上の記事では、上杉の見立てが次のように紹介されている。

「日本の官僚組織は、首相官邸から省庁に至るまで、記者クラブという組織に独占的に取材をさせる『特権』を与えて来た。そうすることで、役人の思惑に即した発表を横並びで一斉に国内外へ流布することができ、コントロールもしやすい。会見以外の個別の『リーク』を利用すれば、意に反する報道を抑えることもできる」

当事者のひとりだった神保哲生は井上の記事から二日後、さらに詳しく取材した内容を、自身の『ダイヤモンド・オンライン』での連載に書いた。

神保によると、官邸記者クラブの側も会見のオープン化は以前から覚悟していて、「やむなし」という認識だったという。ところが会見直前になってもなかなか民主党から連絡がこないため、わざわざ自分たちの側から「会見はどうするんですか」と問い合わせたほどだった。

ところが会見直前になって官邸の報道室からクラブに伝えられたのは、「今回の会見では雑誌と外国報道機関だけに一部開くが、あとは開かなくていい」というものだったという。

これについて神保が民主党本部に聞くと、官邸記者クラブには「ネットメディアも含め、オープンにしてほしいとお願いした」という回答だった。では官邸の報道室が民主党の指示内容を勝手に変えたのか？

しかし神保が官邸報道室に取材してみると、「民主党から会見に入れるのは雑誌と外国報道機関だけでいいとの指示があった」という回答だった。どこでこの食い違いが生じたのか？　神保はこう続ける。

「民主党本部ではオープンと伝えたと言い、報道室では民主党からクローズでいいと指示されたと言う。いったいこれは何なのか？

両者の間を行ったり来たりしてようやく見えてきたことは、まず官邸の報道室に『雑誌と外国報道機関だけでいい』という党の意向を伝えてきたのは、就任前の平野官房長官（当時は民主党役員室長）だったということである。これは官邸の報道室で確認済みだ。しかし民主党はその事実を正確に把握しておらず、党の担当者にあれこれ突っ込むと、『平野氏からは、官邸にはオープンにするよう伝えたと聞いている』という、伝聞調レベルの確認しかとれていないことがわかった」

神保はこのように、官房長官の平野博文が〝黒幕〟だった可能性が高いと結論づけたのだった。

「メディアがいよいよ観念して記者クラブ開放やむなしに舵を切ったとき、実は記者クラブ制度の存続を最も望むリヴァイアサンが、にわかに顔を出してきたということなのではないか」

「統治権力にとっては、記者クラブという餌を与えてメディアを飼い慣らしておけば、こんなに楽な話はない。特権を与えてもらっているメディアは、けっして自分たちに真剣には刃向かってこないだろうし、しかも記者クラブという部屋で御用記事ばかりを書いて去勢された記者たちは、もはや統治権力をチェックする気概も能力も持っていない」

さらに、『週刊朝日』編集長の山口一臣は、自身のブログ『ダメだめ編集長日記』でこう裏事情を解説した。

「記者クラブを形成する既得権メディアが経営幹部から一線記者まで動員して、さまざまなルートで民主党の各層に働きかけを行っていた」

「共通する殺し文句が、『新聞、テレビなどのメディアを敵に回すと政権が長く持ちませんよ』というものだったという」

「こうした既得権メディアの意を受けた党内抵抗勢力の中心が、藤井裕久@新財務相と平野博文@新官房長官だった。とくに平野氏は官房長官として内閣記者会とのパイプ役となる立場だけに、取り巻きの記者に対して『「記者クラブ開放」は俺がツブす』と息巻いていたという。平野氏にとっては民主党のDNA（by神保さん）であり民主党革命の真髄といえる『情報公開』（ディスクロージャー）よりも、目先の自分の仕事をやりやすくすることのほうが重要なようだ。こんなことで既得権の牙城といえる霞が関に本気で切り込めるのか、先が思いやられるというものだ」

記者クラブ騒動を黙殺したマスコミ

ところが驚くことに、この大騒動のさなかにこの問題をマスコミはまったくといっていいほど報じなかった。

たとえば共同通信は、こんな短い記事を配信しただけだ。見出しは「雑誌記者ら初めて

参加　民主が首相会見オープン化」。内容はこうだ。

「鳩山由紀夫首相が16日に官邸で行った就任記者会見に、初めて雑誌記者らが参加した。民主党側が『よりオープンな会見を行いたい』と申し入れ、内閣記者会も受け入れた。

首相が官邸で開く記者会見は日本新聞協会に加盟する新聞、通信、放送各社でつくる内閣記者会が主催。出席は記者会加盟各社と一部海外メディアなどのオブザーバー会員に限定されていた。

民主党は雑誌や専門紙記者の参加と、外国特派員の参加枠拡大を認めるよう要求。関係者間で人数の調整などをしていた」

会見が雑誌と海外メディアに公開されて、よかったよかった、という内容だ。フリージャーナリストやインターネットメディアが開放を求めていたのに、断られたことはひと言も伝えていない。それどころか、首相と記者クラブがともに手を取り合って雑誌や海外メディアに会見を開放してあげました、というような書きぶりではないか。

ここまで嘘を書く通信社を、いったいどうやって信じればいいのだろう?

元徳島新聞記者で、メディアの問題について積極的に発言している藤代裕之はブログ『ガ島通信』で、この共同の記事を強く指弾した。

「共同の『オープン化』の記事を読むと、いかに白々しく、既存メディアに都合のいい『事実』を書いているかが明らかになります。問題を書かないというより、誤報といっても良いぐらいです。この記事を書いた記者は、恥ずかしいと思わないのでしょうか」

おまけに共同通信は、驚くことに当時、官邸記者クラブの幹事社だったのである！　そしてインターネットのニュースメディア「J-CASTニュース」の取材に、ぬけぬけとこう答えているのだ。

「民主党の方からはインターネットメディアに関する要望はありませんでした。首相会見に記者クラブ以外の媒体社が出席できるようにするには、規約を変えなくてはなりません。今回は特例としますが、引き続き協議を続けていく予定です」

まるで他人事である。

この白々しさは朝日新聞も同様だった。会見前日の記事の見出し（オンライン版）はこう。

「新首相就任会見、雑誌記者の参加認める　内閣記者会」

そして記事の全文はこうだ。

「内閣記者会は15日、鳩山新首相が首相官邸で16日に行う就任会見について、外国特派員10人程度、雑誌・専門紙誌の記者10～15人の出席を認める方針を決めた。内閣記者会は規約で、原則として会員以外の会見への出席を認めておらず、これまではオブザーバーとして特派員

5人程度が参加するだけだった。

官房長官に内定している民主党の平野博文役員室長から内閣総務官室を通して内閣記者会に対し、情報公開の観点から、外国特派員、雑誌・専門紙誌の記者の出席を認めるよう要請があった。内閣記者会加盟各社の代表が15日、協議した結果、規約の規定にかかわらず今回は参加を認めることにした。規約を改正するかどうかは今後協議する」

木で鼻をくくった、とはこのような記事のことをいうのではないか。ここにもフリージャーナリストやネットメディアのことはひと言も書かれていない。空気のように無視してもいい存在なのだろうか。

「滅び行く恐竜。本気で淘汰されろ」――激怒する有名ブロガーたち

でもマスメディアがこのように黙殺したのに対し、インターネットでは記者クラブや民主党に対する怒りが爆発した。

社会学者の宮台真司は、苛烈なアジテーションをブログに書いた。

「すでに誰が動いたのか分かりつつありますが、岡田克也氏のいうように次期総選挙は既に始まっている以上、今回の動きの背後にいる人々が確定したならば直ちに徹底的な落選運動

を開始しましょう。

民主党の首脳陣は、廃れつつあるものと、勃興しつつあるものを、見間違えてはなりません。そのことを、自民党の壊滅から学んだのではありませんでしたか。学んでいないのなら、面白いことになりますよ。

もうすでに、あなたがたの味方であり得たはずの人たちが、急速に冷めはじめていますが、やがてこの人たちが強大な敵になっていくでしょう。隣国のノ・ムヒョン元大統領に起ったことが、鳩山首相にも起こるかもしれません。

平野官房長官、あんたに言っておこう。鳩山献金問題をメディア攻撃から防遏《ぼうあつ》するには、記者クラブを使って統制したほうが好都合だと思ってるんだろうが、せこいんだよ。むしろネットでの発信者がこの問題について圧倒的に厳しくなるぜ」

経済学者で著名ブロガーでもある池田信夫は、言論プラットフォームと冠されているウェブサイト『アゴラ』で、「こんな簡単な改革もできない政府が、数兆円の無駄使いを官僚の抵抗を排して削減できるとはとても思えない」と批判した。

「『スペースがない』などというのは理由にならない。新しい官邸の会見場は広く、クラブ加盟社はカメラマンや助手を入れると1社5人以上も会見場に入っており、しかも9割以上の記者は何も質問しない。内閣記者会を解散し、普通の国のように政府がチェックして記者証を発行した記者はすべて参加できるようにすべきです。

（中略）このままずるずると既得権との妥協を重ねると、ネット世代を味方につけて改革を実行するオバマ政権とは逆に、これまで民主党を応援してきたウェブメディアも離れるでしょう」

またホリエモンこと元ライブドア社長の堀江貴文も、ブログ『六本木で働いていた元社長のアメブロ』で怒りをぶちまけた。

「公約破りっていうか、予定調和で公約破りだよね。やっぱりそうなるよな。ま、私も以前司法記者クラブで記者会見やったんだけど、俺の Youtubeチャネルで動画アップしたいと言ったら、申請書書いてくれといわれたもんな。なんで俺の会見なのに、俺の画像をネットにアップするのに、お前らの許可を取る必要があるんだ?って、そういう質問に答えず『ルールですから』っていう神経が信じられない。麻痺してる。おかしい。

やつら記者クラブの連中にとってネットメディアは『糞』並みの扱いなんだよ。虫けらだと思ってんの。虫けらに俺らの聖域に入ってほしくないとか本気で思ってんの。見下してんの。雑誌ならOKっていう神経がほんとありえない。

これが、もし事実ならば、俺は本気で失望したよ。

滅び行く恐竜。本気で淘汰されろ。同情はしない」

ゲリラ戦の先に見える希望

いっぽうで一九八〇年生まれの若者が書くブログ『生きてみた感想』は、「民主党に失望しているのと同時に、ある種の無力感も混じっている」と述べた。

彼は記者クラブ問題を報じないマスメディアに「自らの既得権益に関わる点については見て見ぬ振りをするというその精神の醜さには、なんともいいようのない嫌悪を覚えてはいた」としながらも、でもそこには同時に無力感もかなりの存在感を示していたと慨嘆した。

「ある時代の空気というか、気運というか、そういう大きな流れを作り出すことができるのは、やはりマスメディアだけであるように思えます。ネット上で出回った情報が大きな気運に結びつくという出来事も、結局は、それがマスメディアに取り上げられることによってしか実現しないのではないでしょうか。

とすると、そのマスメディアそのものが意図的にある気運が盛り上がることを避けるのだとすれば、いかにネット上である種の言説が盛り上がっていったとしても、それは決して決定的な一線を越える、つまり全国的な運動へと結びつくことはできません」

僕らは結局、マスコミには勝てないんだよね、という嘆きだ。

たしかに、マスメディアの持つ重要なパワーのひとつに、アジェンダ設定というものがある。アジェンダというのは、みんなが関心を持つ議題という意味だ。マスメディアだけがみんなの関心を決定できる、というのがこれまでの常識だった。

世の中で日々起きているさまざまなできごとの中から、何をピックアップして大きく報道するのか。それまで人々が注目していなかったようなできごとでも、NHKが午後九時のニュースのトップで取り上げ、あるいは朝日新聞が一面トップで扱えば、いきなりそれは「多くの人が認知する社会問題」になる。これがアジェンダ設定能力だ。このパワーを持っているからこそ、マスメディアは強大な権力となることができた。

日本では、マスメディアのアジェンダ設定能力はいまでも健在だ。たしかに『生きてみた感想』の若いブロガーが感じるとおり、ネットでいくら騒がれても、マスメディアが報じなければそれは国民の大多数が知るところにはならない。しょせんは蟷螂《とうろう》の斧だ。

ネットの世界で盛り上がった話題やできごとは、新聞やテレビに取り上げられ、マスメディアに翻訳されて国民に提供されることによって、初めて世間的に認知された話題となる。たとえば二〇〇八年、毎日新聞が長年にわたって日本人女性を侮蔑するような英文記事を海外に向けて発信し続けていた事件は、ネットの中では空前の騒動となったが、しかしマスメディアのほとんどはこの事件を取り上げなかった。

だからネットを使っていない高齢者なんかには、この毎日問題はいまもほとんど認知されていないままだろう。いまだにマスメディアによって世論が形成されているのが、日本の実情なのである。しょせんはネットのアジェンダ設定など赤ん坊みたいなものでしかない。

でも『生きてみた感想』は、「だったらゲリラ戦をやるしかないか」と決意表明している。

「ああ、だからゲリラ戦になるしかないです。

まあ考えてみれば、宮台氏のブログのリンク先にあるような、ずっとゲリラ戦を戦ってきたフリージャーナリストたちがいるというのに、それまでまったくの傍観者であった自分が、いまさらながらこのゲリラ戦に絶望するというのも、ずいぶん調子のいい話であるということにいま気づきました。文章を書いた効用です。

とりあえず、自分がいまさら無力感に苛まれるまでもなく、ずっと出口が見えない中、これよりも遥かに強い無力感のなかで戦いつづけてきた人々がいたのだ、ということにいまさらながら気づくことができたという点で、前向きに考えたいと思います」

そうなのだ。マスメディアのアジェンダ独占は、永遠に続くわけではない。おそらく数年後には、インターネットの影響力がマスメディアのそれを凌駕する時期が間違いなくやってくるだろう。

ツイッター議員の登場

こうした声をマスメディアは黙殺したが、しかしなんと素晴らしいことに、政治家からはきちんと反応があった。

反応したのは、ツイッターを使っていた民主党議員たちである。

総選挙の開票で、「当選確実なう」とツイッターに書いて話題になり、「ツイッター議員」と呼ばれるようになった逢坂誠二は、ネットからの批判にツイッター上でこう答えた。

「昨日、総理が決まり組閣。現在、副大臣や政務官の人選中。明日の本会議で、常任委員長が決まる。徐々に政権の体制が決まりつつある。今後、具体的に政策が動き出して行きます。こんな中で、もう既に『公約破り』とか非難の声があるが、ちょっと気が早すぎるかも。政権スタート後、まだ2日目です」

このつぶやきは、ツイッター上で大きな論議を呼び、

「記者クラブの件、本当にガッカリしました」

「2日目だろうが、公約と違うことするのはどうかと思います。むしろ最初が肝心なのに」

「違反は違反です」

などとツイッターで批判のつぶやきが集中した。ちょうどツイッターが社会的に注目を集め出していた時期だけに、「日本のツイッター史上初の炎上」などと嬉しくない〝汚名〟も着せられてしまったのだった。

でも、このように逢坂がきちんとネットの声に反応したことに対しては、評価する声もすごく多かった。

ブログ『POLAR BEAR BLOG』は、「世間からの批判を恐れて口当たりの良いことしか言わない政治家よりは、自分の意見を言う政治家の方がよっぽどマシではないでしょうか」と、冷静に考えればしごく当たり前の真実を述べたのだった。

「逢坂議員には、何らかの反応をして欲しいと思います。Twitter上でというのがベストですが、なにしろ140字の空間ですから、場合によってはご自身のホームページも使ってという形になるでしょう。いずれにしても、なぜ『まだ2日目』という態度でいても良いと思っているのか、説明が求められていくのではないでしょうか。その結果、逆に『それなら今後も民主党に期待しよう』という空気に変わる可能性はあると思います。

失礼な話ですが、個人的にはこの一件、日本初の『Twitter議員』が、日本初の

『Twitter議員炎上』にどう対応されるのかという目で見ています。またご本人が直接的には関係されていないものの、所属する組織への批判にどう対応するべきかという1つのケースにもなるでしょう」

　マスメディア経由ではなく、インターネットからの批判に対しては、インターネット上できちんと対応していく。世論形成の場がネットに移行していくのにしたがって、議員の側にもそうした対応が必要になっていくということだ。

　こうした声に押されるようにして、炎上していた逢坂はツイッターにもう一度書いた。

「記者クラブの件、マニフェストじゃないにせよ、選挙前に鳩山現総理が発言しているのですから、しっかりと実行すべきです」

　この追加のつぶやきに対して、『POLAR BEAR BLOG』はこう評価した。

「僕の見る限りですが、『良いこと言った！』という反応と、『他人事みたいに言うな！』という反応の2つに分かれているようです。全体的には評価する声が大きいようですので、これで当面は収束、ということになるかもしれません」

　さらにこの輪は、他の議員にも広がった。民主党参院議員の藤末健三がやはりツイッターでこう発言したのだ。

「総理記者会見のオープン化の件、今官房に入れました。既に批判の大きさは認識している。

内閣記者会との慣習と警備の問題が壁だとのこと。私から兎に角前向きにやっていることを見ていただくべきとお伝えしました。逢坂さんなどと連携しながらやってみます」

これに逢坂もツイッター上で応じた。

「藤末さん、記者クラブの件、共闘して行動をおこしましょう」

さらに同じ民主党参院議員で法務大臣政務官に就任した中村哲治も同じ日、自身のブログ『中村てつじの「日本再構築」』の中で、大臣政務官会合で記者クラブの開放について質問した内容を紹介した。

「私たち民主党は、結党以来、記者クラブに属していないフリーランスの人たちにも門戸を開いて会見を行ってきた。(中略)小沢前代表も、政権交代後の記者会見の開放化は、やると約束してきたはずである」

「しかし、この政権交代後、官邸の記者会見は、フリーランスの記者は入れなくなったと聞く。やはり、記者会見の開放化をすべきなのではないか」

中村がそうただすと、官房副長官の松野頼久はこう答えたという。

「確かに、我が党は結党以来、記者会見を開放してきました。そして、その基本的な考えは、今でも変わっていません。ただ、政権交代により、官邸に舞台を移すと、警備などの問題がありいきなり全面的な開放というのは難しかった」

「実は、あの総理会見も、在京10社、外国人メディア15社に開放されており、それだけでも今までにないことでした。これからも、徐々に開放を進めて参ります」

そして法務省の政務三役の打ち合わせでも、中村は法相会見の開放を強く主張したという。中村は続けてこう書いている。

「法務省所管事項に興味のあるフリーランスのジャーナリストの方は、法務大臣の定例記者会見に対して、ぜひ、取材の希望を法務省まで出していただきたいと思います。

その上で、取材を拒否されれば、私のところまでおっしゃっていただきたいです。

なぜ、取材を拒否されたのかを私が問いただすことにより、徐々に開放化の門戸が開かれていくと思うのです。

なかなか、一足飛びには『記者会見の完全開放』というところまでいかないかもしれませんが、辛抱強く取り組んでいこうと思います」

ツイッターやブログを介して、政治家とネット言論が接続され、それが政治行動へとつながった。たんなる言葉のやりとりだけでなく、具体的な行動をともなったという意味でこれは画期的なできごとだった。

このプロセスの中に、マスコミはいっさい参加していない。マスコミが存在しなくても、政治と有権者が接続できることをこのできごとは示してしまったのである。

先にも書いたように、いずれはアジェンダ設定パワーもネットの側に移り、そうなればマスコミの権威はますます地に墜ちていくだろう。

その未来はどのようなものになるのだろうか。

バラ色の未来？　いや、必ずしもそうではない。

なぜなら解決しないといけない問題が山のようにあるからだ。

ネット先進国・韓国の悪夢

お隣の韓国の例を見てみよう。この国では、すでにネットにパワーが移行してしまっている。

もともと新聞やテレビなどの既存メディアへの信頼感が強くなかった韓国では、インターネットメディアが二〇〇〇年以降大きな力を持つようになり、結果としてネット世論がそのまま国内世論と直結する状況を作り出している。

これはたしかにネットの勝利なのだが、しかしとても苦い勝利でもある。

なぜなら韓国では、これによってもの凄くネガティブな現象が起きてしまっているからだ。誰も想像もしなかったような、恐ろしい事態になっているのだ。

二〇〇八年一〇月、このネット世論に押し潰されるようにしてひとりの女優が自殺した事件があった。

自殺したのは、当時三九歳のチェ・ジンシル。原因は、ネット上での誹謗中傷だ。

彼女は一九九〇年代にテレビドラマの『嫉妬』などで一世を風靡した女優で、人気タレントに贈られる賞を連続受賞するなど、韓国を代表する存在だった。二〇〇〇年には当時読売ジャイアンツの選手だったチョ・ソンミンと結婚し、二人の子供ももうけた。〇四年には離婚したが、翌年には芸能界にカムバック。いろいろあったが順風満帆の女優人生だったといっていい。

事件の前日。この日の夜、マネージャーと焼酎を三本ほども飲み、泥酔して午前〇時ごろに帰宅した。そして、同居している母親に「世間の人たちが恨めしい。どうして金貸しなどと、私にはまったくあずかり知らないことで私を苦しめるのか」と訴えたという。

これはいったい何のことかというと、じつは彼女はしばらく前からネットのデマに悩まされていたのだ。

「チェ・ジンシルは金貸し業に進出し、アン・ジェファンにも事業資金として二五億ウォン（約二億五〇〇〇万円・当時）を貸していた」

「チェ・ジンシルが最も早くアン・ジェファンの自殺現場に駆けつけたのも、貸していたお金のことが心配だったからだ」

アン・ジェファンは男性の有名タレントで、事業に失敗して資金繰りに苦しんだ結果、〇八年八月に失踪。九月八日に車の中で練炭自殺しているのが発見されていた。

デマの舞台は、大手掲示板「ネイバー」だった。書き込みはネイバーだけでなくあちこちにすぐに転載され、韓国中に広まっていた。

このデマを知ったチェ・ジンシルは警察に捜査を依頼し、証券会社に勤めている女性社員がデマの発信源であったことが突き止められ、書類送検された。でもいったん広まったデマを押しとどめるのは難しい。最終的にチェ・ジンシルは自殺に追い込まれてしまった。

この事件以前にも、有名タレントがネット上の書き込みで被害を受けるケースは韓国内では多発していた。その前年には歌手のユニとタレントのチョン・ダビンが、「整形手術を受けていた」という情報をネットで流され、相次いで自殺している。

なぜこんなことになったのか。

韓国ではネット社会とリアル社会がほぼダイレクトにつながってしまっているからだ。

韓国は世界に先駆けてADSLが普及し、世界で最初のブロードバンド国家となった。これによって多くの人たちがインターネットを日常的に使うようになり、日本ではまだブロードバンドがさほど普及していなかった二〇〇三年ごろの時点で、すでに全国民の六六パーセントがネットに接続し、ネットユーザーの平均利用時間が週に一四時間に達するという状況になっていた。

そして二〇〇〇年ごろから「オーマイニュース」をはじめとして新興勢力のネット媒体が続々と出現するようになり、メディアの中心はインターネットに移り始めた。

このような状況で、ネットが力を持たないわけがない。

その威力が最初に発揮されたのは、二〇〇二年の日韓共催ワールドカップだった。インターネット上で場所と時間を決めて応援が呼びかけられ、その書き込みに応じて参加する人がふくれ上がり、やがて市街地を埋める四〇〇万人もの大応援となった。「ネットを使えばみんなが集まる」ということに人々が気づき、そしてこれは政治の世界にまで波及した。同じ年の大統領選挙では、ノ・ムヒョンを当選させる原動力にもなったのだった。応援団がインターネット掲示板やメールを使った選挙運動を繰り広げ、ノ・ムヒョンの勝利は「ネティズン（韓国でのネットユーザーの呼称。ネットとシティズンを合わせた造語）の勝利である」ともいわれたのだった。

政府やマスコミもインターネットを無視できなくなり、公式発表はまずネットでリリースし、その反応を見てから記者会見を開くといったスタイルに変わった。そしていまや韓国では、「インターネットの世論はリアルの世論にダイレクトにつながっている」という感覚が当たり前になった。そしてこれは「ネットで書かれたことは、瞬時に全国民に広まる」というフィルターなしの恐ろしい世論形成装置にもなってしまっているのだ。ネイバーのようなネットの掲示板がアジェンダ設定能力を持ってしまったのである。

これは光と闇だ。

これに比べると日本では、まだネットの世論はリアルの世論にはほとんど接続されていない。世論形成を行うのは、相変わらず新聞やテレビだ。

これはマスコミが情報をゆがめてコントロールしてしまう弊害を引き起こしているけれども、誹謗中傷や名誉毀損、犯罪になるような話題はマスメディアのフィルターを通すことで排除され、話題が拡大しないですむという効用もある。

韓国では、ほぼすべての国民がネットに接続し、主な情報収集先をウェブ媒体に依拠しているから、ネットの話題はそのまま国民の話題となる。この結果、世論はマスメディアのコントロールから解き放たれ、ネット民主主義という新たな世論形成の枠組みを生み出した。しかしそれは同時に、ひどい中傷や荒らしなどが簡単に流布してしまうという衆愚世界も生み出してしまったということだ。

日本でもおそらく数年先には、韓国のような事態がやってくる。それは政治のありようを劇的に変えるかもしれないが、いっぽうで何者かに踊らされたり、ひどい情報が流布してしまったりといった悪夢も生じさせてしまうかもしれない。

マスコミの弱体化で生じるリスク

ネット論壇での言論活動が評価されている数少ないマスコミ記者のひとりに、元産経新聞の福島香織がいる。彼女は二〇〇九年暮れに同社を退職したが、その際に自身のブログ『北京東京趣聞博客』で、こう書いた。

「マスコミが世論を代表するものでもなくなりつつあり、世論をリードする影響力も低下し、むしろ世論からマスゴミ、カスゴミと批判されることも増えている。そのかわり政権が直接世論を代表し、リードしはじめている。政権が世論を直接掌握し始めている、気がするのだ。

それは、現政権がマスコミを通して世論を吸い上げたり、マスコミを掌握することで世論を味方にしようという旧来のやり方から、マスコミの頭越しにインターネットなどを使って直接世論、民意の意見をすいとり働きかける手法をとり始めているからだろう」

しかし——と福島は言う。それで本当に大丈夫なのか？

「個人個人が政権側から直接情報を受け取るのはいいとして、では個人個人がこれまでマスコミの第4の権力のかわりに、政治家を監視をしたり、プレッシャーを与えたり、ときに駆け引きをして政治の流れを変えたりできるのだろうか、と。

権力と対峙し権力と戦うには権力が必要だ。これまで政府（行政）と国会（立法）と司法に世論を代表するマスコミの権力がバランスをもって対峙しあったりけん制しあったりして、ひとつの権力が暴走するのを防いできた。

現政権の方針をみると、国会の多数をしめる与党は政府と一体化すべし、ということをいってて、国会の政府に対する監督機能は弱まる方向にいくのではないかと危惧されている。さらにマスコミの影響力がそがれたら、そのバランスがくずれることにはなりはしないか」

これは重要な問題提起だ。

マスメディアの影響力が小さくなってしまったら、誰が権力を監視してくれるんだろう？　ブロガーが本当にそこまでできる？

福島はさらに書く。

「個人が個人の意見を政権に届かせるネットツールが発達した今、投票権をもつ国民ひとりひとりがしっかり政治を見極め、影響力を行使できるようになる、という人もいるかもしれない」

「マスコミが記者会見開放、記者クラブ開放などに抵抗し続け、既得権益を守ることが、マスコミの取材力と影響力を維持し、第４の権力の座を守ることにつながる、とは私は思わない。けれどマスコミがこのまま弱体化して、政権が直接世論をリードしたり掌握したりすることは社会にとって不利となる可能性もあるのではないかと思う」

マスメディアのアジェンダ設定パワーがネットに奪われていく。その先には、ひょっとしたら「ネット民主主義」ではなくて、政治権力が直接的にアジェンダ設定をコントロールする社会がやってきてしまう可能性もあるということだ。

ツイッターは「政治的インフラ」になり得るか

それを防ぐためにはインターネット論壇を世論として集約し、さらにはそれを政治へと接続させていくようなアーキテクチャが存在しなくてはならない。しかし現時点では、そのようなアーキテクチャは夢物語にすぎない。

期待感は、たくさんある。

たとえばツイッター。一四〇字の短いコメント（つぶやき）をやりとりできるこのソーシャルメディアは政権交代の前後、民主党の若手議員らによってさかんに利用され、政治家と有権者の距離を一気に縮める役割を果たした。

フリージャーナリストの津田大介は、政権交代後に出した本『Twitter 社会論』（洋泉社新書）の中で、「ツイッターをはじめとするネットがもうひとつの政治活動の場にならなければならない」と書いた。

「ツイッター議員が増え、ユーザーと政策についてざっくばらんに会話できる環境が整えば、ある種それはネットで政策ベースの『タウンミーティング』をしているようなイメージになる。ツイッターは140字という制限があるため細かい政策論争には向かない。しかし、政策アジェンダがあらかた設定されていれば、リアルタイム性と伝播性（同時参加性）に優れている特性を活かし、アジェンダの『バグフィックス（引用者注：コンピュータプログラムの誤りを直すこと）』をCGM（引用者注：Consumer Generated Mediaの略。消費者が生み出すメディアのこと）的に効率よく行うことができるのではないか」

たしかにツイッターにはそういう潜在的可能性があるだろう。でもツイッターという生まれたばかりのネットメディアがその草創期を抜け出すころには、おそらく多くの問題が噴出することになる。それらの問題を乗り越えていかなければ、ツイッターが政治に接続される民主主義の装置になることは難しい。

先ほどの元産経記者、福島香織の危機感は、ツイッターでも同様だ。政治と有権者がダイレクトに結びつくということは、政治家のアジテーションのパワーを強めてしまうかもしれない。

ブログ『Thirのノート』は、政治家がツイッターを積極的に利用しているのを見ると有権者は「距離が縮まった」と感じやすいが、しかし「政治家と自分の間にある言説の違いは1ミリも埋まらないことを忘れてはならないと僕は思う」と書いている。

ブロガーがそう書いたのは、元防衛相の自民党議員、小池百合子がツイッターで、「中共の『日本解放工作要綱』にならえば、事業仕分けは日本弱体化の強力な手段。カタルシスを発散させながら、日本沈没を加速させる…」

とアジテーションしているのを見たからだ。たしかにこれはかなり過激な発言だ。

『Thirのノート』はこう続けている。

「小池百合子氏がTwitterに姿を現したとき、『小池百合子との距離が縮まった』と感じた方もいただろう。けれども、彼女がいくらTwitterに投稿したとしても、自分の意見を小池百合子に伝えることは出来ないし、ましてや彼女を通じて自らの声を国政に届けるなど出来やしない。このようなシステムは選挙の際の『握手』や『講演会』で作られていったけれども、インターネットは、まさにそのような『距離の魔術』を積極的にかつ簡単に作り出していくことが出来てしまうツールであって、政治家側もそれを逆手にとって利用しているのではないかと勘ぐってしまう」

ツイッターで政策決定プロセスを——というのは魅力的な未来だが、でも問題は他にも山のようにある。

もっとも大きな問題は、ツイッターでつぶやかれる生々しいつぶやきを、どうフィルタリングして世論形成させるのかということだ。

新興のインターネット・サービスや企業を紹介するブログの『テッククランチ』は、極秘入手したツイッター社の内部文書にこんなことが書いてあった、と伝えている。

「十億人の利用者を獲得する世界初のウェブのサービスとなる」

「十億のユーザーがいれば、ツイッターは大地の鼓動そのものになる」

「情報を速報するだけのサービスではなく、ツイッターはむしろ神経系のようなものとしてとらえるべきだ」

たしかにそうだ。ツイッター上にはあまりにも生々しい人々の意志や感情があふれている。ツイッター人口が地球人口に近づいていけば、この意志や感情の集積はそのまま人類の意識の集合体になるだろう。いまのところ世界で最大のソーシャルメディアはアメリカのSNS「フェースブック」で、だいたい三億人ぐらいの利用者がいる。これでもかなり凄い数で、たとえば私が以前読んだアメリカの新聞記事にはこんなことが書いてあった。

「フェースブックは大家族制を復活させている」

どういうことかというと、アメリカではフェースブックがあまりにも普及しているので、自分の周囲の知人や友人の大半が加入していたりする。それだけじゃなくて、田舎に住んでいるおばあちゃんやおじいちゃんやいとこやはとこまで、もう全員がフェースブックのユーザーになってしまっているのだ。これで何が起きているかというと、いままでだったらせいぜい年に一度か二度ぐらいしか会う機会のなかった祖父母や親戚とフェースブック上でつながり、短いコメントのやりとりなどをするようになっている。これがつまり大きな家族のつながりをこれまでになく強くして、「インターネット大家族」のようなものを生み出しているというわけだ。

産業革命以降の二〇〇年間ぐらい、世界は大家族から核家族へと進んできていたのだが、これがインターネットによって逆に回り始めているかと思うとなんとも興味深い。

しかしこのソーシャルメディアを政治のインフラととらえようとすると、そこにはさまざまな問題が浮上してくる。

たとえばツイッターの特定ユーザーが強い影響力を持つ人物として権力化した場合に、その影響力を排除する方法も考えなければならない。脊髄反射的に人の頭脳と頭脳が直結するツイッターのようなライブなメディアは、それだけ他者からの影響も受けやすいのだ。

さらに、ツイッターには「構造がない」という重大な問題もある。

ツイッターでつぶやかれた生々しい意識は、ただツイッターのサーバにどさりと放り込まれてユーザーアカウントとつぶやいた時間のタグをつけて放置されているだけで、まったく構造化されていない。構造化されていないデータベースは、たんなるノイズの集合体でしかなく、そこにはまとまった意志は生じない。これをどのように構造化することが可能なのだろうか。あるいは仮に構造化されたとしても、そこから政治意志を抽出し、世論へと接続させていくメディアはどのようなものなのだろうか。そういう問題がある。

「世界政府ができたら、そのインフラを作りたい」と公言しているグーグルは、ひょっとしたらもうその可能性まで検討しているのかもしれない。しかし現在のところそのようなアーキテクチャを具体的にイメージできる人はほとんどいない。

しつこいが、もっと問題を挙げてみよう。

ツイッターという特異な文化圏は、おそらくわれわれの生活しているリアルの文化圏と衝突してしまう。

ツイッター文化はタイムラインという擬似的な時間の流れを軸に作り上げられている。みんなタイムラインに沿ってコメントをつぶやいたり、人のつぶやきを読んでいく。タイムラインからは誰も外れない。だからすべてのつぶやきは利那的だ。

まるで霧の深い森の中をゆるやかに歩いているときのように、つぶやきという樹木は姿を見せては後ろへと立ち去り、次から次へと樹木が現れては消えていく。見えなくなった樹木は誰も気にかけない。つまりわれわれの意識はタイムラインの中を移動するのだ。ツイッター圏域の中ではアーカイブされた発言は看過される。このような刹那的な森林の中では、粘着的な議論も起きにくい。

けれども、ツイッターから一歩外へ出てウェブの広い空間から見ると、ツイッターは過去記事の集まりとしてとらえられる。だからブログや掲示板のユーザーはそれらのアーカイブの中から発言を拾い上げて転載し、そこから豊かな深い議論に展開することも可能だし、あるいは失言をピックアップして粘着的な批判を加えることも可能になる。

政治家の失言はよほどひどいものでない限り、ツイッターのタイムラインの中では許容されるだろう。注意深い用意周到なつぶやきよりも、失言も辞さない生々しさがツイッター文化の中では求められるからだ。しかしそうやって許容された失言も、ツイッター文化の外側のウェブ空間からは指弾される可能性がある。さらにその外側には、ワイドショーや新聞などのマスメディア空間も広がっている。そうした劣化したメディアは、さらに許容度が低い。

ツイッターという新しい文化圏域は、政治と国民を一気に近づけ、しかもそこに擬似的な親密関係を描いていくことも可能だ。これはたしかに津田の言うとおり、政策決定プロセスをさらに可視化させ、豊かな政治を作り出す一助となってくれる可能性はあるだろう。

しかしその親密さが維持できるのはツイッター文化圏の中だけであって、同心円的に外部に広がっているウェブやマスメディアやさらにはリアル世論とそれらの親密さをどう潰さないで敷衍《ふえん》させていくのかというのは、非常に難しい問題だ。

国民と政治がダイレクトにつながるというのは、本質的にはよいことだ。でもそれによってこれまで述べてきたような深刻なトレードオフもある。おそらくは今後政治とツイッターをめぐっては、さまざまな問題が噴出してくるだろう。かつて掲示板やブログが始まったときよりもいっそう悩ましい形で。

記者会見を開放する外務省だが……

さて記者クラブ開放問題に、話を戻そう。

官邸会見をめぐる騒動がひと段落した後、大きな動きがあった。民主党議員の逢坂や藤末、中村らの行動が奏功したのか、九月一八日になって外務大臣の岡田克也が、定例記者会見をすべてのメディアに開放すると会見で発表したのである。

彼は「大臣（である自分）の考え方だ。支障がなければ（他省庁に）広がりを持ってくるのではないか」と述べた。

とはいえ、誰でも参加できるわけではない。定例会見に出席できる資格として外相からは以下のメディアが提示された。

①日本新聞協会会員
②日本民間放送連盟会員
③日本雑誌協会会員
④日本インターネット報道協会会員
⑤日本外国特派員協会（ＦＣＣＪ）会員及び外国記者登録証保持者
⑥上記メディアが発行する媒体に定期的に記事等を提供する者（いわゆるフリーランス）

従来の新聞とテレビに加え、雑誌と外国メディアの特派員。だが注目すべきは、「日本インターネット報道協会」だ。この団体は二〇〇八年夏に市民ニュースサイトが中心になって設立された任意団体で、当初はオーマイニュースとJ-CASTニュース、JANJAN、ビデオニュース・ドットコム、日刊ベリタなどが加盟していた。

しかしこのうちオーマイニュースはすでに破綻して消滅、日刊ベリタも脱会してしまっている。そのうえ、日本国内のウェブのニュースサイトとしてもっとも知名度が高くて影響力もあるITmediaやCNETなどが加盟していない。

このことで、ブログ『Parsleyの「添え物は添え物らしく」』は、「『日本インターネット報道協会』は実体があるのか」と批判した。

「同協会はサイトもなく（引用者注：サイトはその後開設された）、過去に出したリリースは2008年8月1日の設立時のもののみ。

この唯一のリリースには、次のような記載がある。

『われわれはできるかぎりオープンな組織を目指しており、今後、参加を希望する法人、個人を募って行きたいと考えています。』

しかし、発足時の会員から新たに加わった『報道コンテンツを作成し、ネット配信する法人や個人』がある形跡はなく、オーマイニュースは2009年4月に閉鎖している。

それに先立つ2月には、協会幹事平野日出木氏は、オーマイニュースを離れているのだが、幹事を退任したというリリースはない。

唯一の公開されている連絡先の事務局（オフィス元木）の電話番号に昨日、数度かけてみたが、午前・午後を通して留守電につながるだけで、誰ともコンタクトは取れなかった。サイトもない。唯一の連絡先はつながらない。メールアドレスなどの記載もないという任意団体。これでは、『オープンな組織』どころか、実体がないのでは、と判断されても仕方ないのではないか?」

なぜ外務省は(もしくは外務大臣の岡田は)この日本インターネット報道協会を会員資格として指定したのだろうか。Parsley は外務省のウェブに掲載されている外務大臣会見記録を引用している。

(問)今回、会見が開放されまして、取材ができる条件に日本インターネット報道協会会員であることというのが入っていますが、インターネットメディアに関して、外務省報道課にお尋ねしたら大臣の意向であると伺ったので、なぜこの協会を選んだのかが一点と、この協会は非常に少数のメディアしか加盟しておりませんので、これに加盟していることという条件があるので、PJニュースでは取材の許可がおりません。そうしますと、インターネットメディアに対する開放がまだ足りないと感じるのですが、基準の見直しを今後考えていますか。

(外務大臣)一定の実績・実体がある協会であればかまわないのですが、現時点では今言われたような形になっています。他にこういう協会があるとかがありましたら、検討の俎上には載せさせて頂きたいと思います。

（問）やはり協会会員の方よりメディア毎の申請というのはどうですか。

（外務大臣）メディア毎ですと、これはどうやって調べるのかという問題が発生しますので、事実上全くのフリーということになってしまうと思います。それは、今の段階ではセキュリティの問題とかいろいろ考えますとできないだろうと思っています。

（問）日本インターネット報道協会を選んだ理由はなんでしょうか。

（外務大臣）一定の実績を持った協会だということです。


ちなみに記録中に出てくるＰＪニュースというのは、もともとライブドアの一部門だった市民記者ニュース部署が独立した会社だ。このＰＪニュースも日本インターネット報道協会には加盟していない。

会見でのやりとりからわかるのは、外務省にインターネットメディアの世界についての知識はほとんどなく、どのようにして資格のガイドラインを設定すればよいのか困惑しているということだ。

だが参加資格については、ビデオジャーナリストの神保哲生が自身のブログの「記者会見をオープンにするのは簡単なことですよ」というエントリーで、海外での一般的なやり方を明快に解説している。

1）記者会見への参加希望者は事前登録制とする。（パスを発行するもよし。毎回入り口で登録を確認するもよし。前者の方が一度で済むので楽かも。）
2）官邸を含む各報道担当部署が、記者会見参加資格について明確なガイドラインを示し、そのガイドラインに基づいて、登録希望者が報道に携わる者であること（中略）を確認の上、登録する。（これもだいたい世界標準）
3）外国首脳にも接触する可能性のある官邸、外務省などの官庁は、持ち物検査を実施する。これも世界中で常識です。まあ靴を投げられてしまうくらいはしょうがないですね。ただこれも、もし靴底に何か潜ませていれば、金属探知機が鳴りますから。
4）聞いたことのないようなメディアで申請してきた場合は、
・その事業者の主な事業内容が報道目的と判断できるか（つまり公共への情報提供を目的とした事業と言えるかどうか）
・発行頻度、更新頻度、発行期間
・フリーの場合も、過去にどこの媒体で記事・リポートを発表してきたかに基づき、「報道に携わる者」が担保されているかを判断。ブロガーや個人サイトで記事を公表した者、著作のための取材をしている者の場合も同じ。

オープン化に反発するマスコミの〝難癖〟

でも会見への参加資格については、新聞やテレビの既存メディア側から「セキュリティ上問題がある」「オープンにしたらどんな危険人物が入ってくるかわからない」という反発の声が出ている。たとえば毎日新聞経済部記者の古田信二は、ニューヨーク・タイムズの取材に答えて以下のような返事をし、それが記事にも掲載されている。

「(引用者注：記者クラブは)そんなに閉鎖的ではありません。ケース・バイ・ケースで非会員の参加も認めています。(引用者注：記者クラブを廃止したとして)もし偽ジャーナリストが記者会見中に自殺や焼身自殺をした場合、一体誰が責任を取るのですか?」

よくもまあ取材に対してこういう非常識な回答ができるものだ。このニューヨーク・タイムズの記事を読んだブログニュースの『デジタルマガジン』は、古田を嘲笑している。「この記者は何を言っているのだろうか?　記者クラブは国境なき記者団をはじめ、EUやOECDに『閉鎖的だ』として批判され続けている。外国政府が圧力をかけなければ門戸を開かない記者クラブのどこが〝開放的〟なのだろう。

さらに自殺？　責任？　もう意味が分からない。海外では記者の事前登録制によって保安性は高められているうえ、政府首脳などＶＩＰの記者会見への出席はベテラン記者に限られている。どこの誰が自殺するのかぜひとも教えて欲しい。

結局彼らは自分たちの利権を失いたくないがために、なんくせをつけているだけなのだ。毎日新聞の記者の発言にそれをみた」

前出の神保も、こう突き放した。

「セキュリティはチェックが必要。これは会見がフルオープンになるか否かにかかわらず、そもそもやっているべきこと。日本はまだそこが緩すぎる。元々現行の記者クラブ制度のもとでも、セキュリティチェックはすべきだった。ＮＨＫや朝日新聞の記者ならセキュリティの問題がなく、ネットメディアやフリーランスの記者はセキュリティリスクがあるというのは単なる偏見。むしろ最近では既存のメディア関係者の方が、さまざまな犯罪や不祥事を起こしてはいないか」

ネットで政治に働きかける！

しかし記者会見のオープン化は、その後はあまり進んでいない。一部の省庁では実現したものの、すべての会見の開放にはまだほど遠い状態だ。

前出の『Parsleyの「添え物は添え物らしく」』は、「約三か月半が経過し、大臣会見の記者クラブ以外へのオープン化が実現したのは、外務・法務・金融の三大臣。首相官邸をはじめ、これ以後の進展はなく、既存メディア・ネットメディアともこの件に関しては追っていない」と記し、記者会見オープン化を約束した民主党議員の逢坂と藤末に質問を送った。逢坂からは次のような回答があったという。

「情報公開がさらに進むよう日常的に活動を行っています。また、記者会見の件については、官邸に対して、各省庁の記者会見がさらに広い範囲に公開できるよう口頭でお願いしました」

「記者会見に参加される方の記者としての地位の確認、セキュリティの問題、以上などが、隘路になっていると考えています」

しかし藤末からは、「他省庁への開放へのお取り組みを、現状どのようになさっていらっしゃいますか」という質問に対して、「今はまだ何もできておりません」と返事があり、開放への取り組みがなかなか進んでいないことが明らかにされたのだった。結局のところ、記者クラブに代わる新たな参加資格ガイドラインを省庁の側が構築するまでには、まだかなり時間がかかるということなのだろう。

Parsleyは、ブログでこう結論づけた。

「実際のところ、記者クラブ問題って、政治に関心がある一部のネットユーザーにしか知られていないというのが実情だ。

だって、テレビや新聞がこの問題について取り上げていることは皆無に近いわけなんだから（笑）。

一般の、それほど政治に興味がないひとも、『あ〜これは改善しなきゃだめだよね』といった共通認識が出来ているならまだしも、そういった世論の合意形成がない状況だということは、ネットどっぷりだと意外と忘れがちになる」

「記者会見の開放が一向に進まないのは、『世論になっていない』、この一言に尽きる。で、世論形成の装置としての既存メディアが、当事者だというのが重要で、既得権益化しているメディアを崩すには、ネットメディアは力が足りないし、だいいち戦略がないよね。というかもはや『敵対』もしていないんじゃないか、という話になる」

そして彼は、「自分の意見を議員に伝えよう」と呼びかけたのだった。

「こういった状況に忸怩《じくじ》たる気持ちを抱いている皆様は、是非とも各議員にメールやTwitter

で直接コンタクトを取って自分の意見を伝えるようにしましょう。そういう声が多ければ多いほど、議員さんが動くための原動力になる。少なくとも、『聞く耳』を持っている議員さんは、沢山いらっしゃる。『壁』を作っているのは、むしろ一般人の側。何か意見のある方は、『壁』を越えるところからはじめてみるべき」

見誤ってはいけない「事業仕分け」の歴史的意義

政治は徐々に透明化されていく。記者クラブが既得権益を楯にして開放を阻もうとしても、もうこの流れは変えられない。

一一月一一日から行政刷新会議が行った「事業仕分け」で、この流れは決定的となった。

事業仕分けは民主党政権が予算削減の目玉にしていた作業で、民主党議員や有識者で構成される「仕分け人」が三つのワーキンググループに分かれ、あらかじめ抽出された約四五〇の事業を一事業あたり約一時間でスピード査定し、不要な事業を削減していくというものだ。

そしてこの事業仕分けの議論はすべて公開で行われ、インターネットでも中継されることになった。スタートした当日、会場となった東京・市ヶ谷の国立印刷局市ヶ谷センターには多くの人が行列を作り、議論の行方を見守ったのである。

これまで事業の予算振り分けは、財務省と各省庁担当者の折衝によって行われ、そこでどのような議論が行われているのかはまったく国民の目に触れなかった。完全にブラックボックスだったのである。これがすべて公開の場に移行されるというのは、驚異的といえた。

ジャーナリストの高野孟《はじめ》が主宰するブログメディア『ザ・ジャーナル』の『ニュース・スパイラル』は、以下のように訴えた。

「事業仕分けの特徴は、これまでテキスト資料のみでブラックボックスの部分が多かった各事業の予算内容が、完全公開の原則から国民の目の前で査定を受けることだ。すでに大手メディアからは『財務省のいいなり』『3兆円の削減は期待できない』といったピンぼけ批判が多いが、この作業の意義は『すべてが公開される』という一点にのみある。国民は、評価者のツッコミが甘ければ厳しく指摘し、作業過程そのものに改善の余地があるならば直接提言すればいい。それには多くの国民の参加が不可欠である。国民参加型の予算査定に、みなさんもぜひご参加を」

テクノロジーが拡げる国民の政治参加

そしてこの会場では、独自のカメラを持ち込んでインターネットに直接中継するネットユーザーもいた。ブログ『つぼやんの、日々是発見』はこの独自中継が行われているさまを見て驚いた。

「一人の女性が、一傍聴者として会場にビデオカメラを持ち込み、カメラを回し続け、それをWEB上に流し続けるということをされていました。

そして、ブラウザー上に流れる中継画面の横には、ツイッターの入力画面が。

日本中の傍聴者は、リアルで流れてくる画像と音声を聞き、ツイッターでつぶやくことができるのです」

この中継を行っていたのは、『ケツダンポトフ』というブログを運営しているペンネーム、そらのという二〇代の女性。ソラノートというベンチャー企業のビジネスの一環で彼女はさまざまなイベントに参加したり、人と会っている様子を撮影して生中継している。その活動を彼女は「ダダ漏れ」と名づけており、いまやネット上の人気者になっているのだった。

彼女が生中継に使っているウェブのサービスは「Ustream」。多くの人がいままさに撮影されている動画をリアルタイムで観ることができるのに加え、ソーシャル・ストリームという機能も持っている。これは動画の横にツイッターの入力ウィンドウが現れて、生中継を観ながらいま自分が観ていることに対する感想を書き込んで、ユーザー同士で共有できるというものだ。

事業仕分けは行政刷新会議の事務局によるネット中継も行われていたが、画像が不鮮明なうえに俯瞰したアングルだったため、誰が何をしゃべっているのかはほとんど聞き取れなかった。それに比べれば、『ケツダンポトフ』の映像はきわめて鮮明で議論の内容も聞き取ることができて、臨場感があった。加えて、ツイッターによってお互いに意見交換もできたから、これによって事業仕分けはネット空間の中でもの凄い盛り上がりとなったのである。

人気ブログ『GOING MY WAY』は書いた。

「テレビのクルーも入っているようでしたが当然ながら生中継がされているわけもなく、夜のニュースなどで編集された物がさっと流されるだけでしょう。

それに比べネットを通じてその様子を臨場感あふれる様子で手軽に見ることができます。また、一緒に見ている人がそれぞれUstのSocial Streamの機能を利用したりしながらTwitterにどんどんTweetしていきます。（中略）

しかし、すごい時代になりました。いずれはこのような感じでみんながTweetしたものが現場で流されるようになるのもそう遠くはないような気がしてきました」

また前出の『つぼやんの、日々是発見』は、興奮してこう書いた。

「そして何より、中継と同時進行する、会場外での『つぶやき』のスリリングさ！ 日本の政府関係の議論で、いや世界じゅう探しても、白熱した議論が『全世界』に広がる衆人環視の状況で議論され、『全世界』でつぶやき、議論されていることなど、これまでなかったのではないでしょうか。

この『全世界』で国民がつぶやき、議論されている事実を、当の『仕分け』に参加している役人、『仕分け人』の方々はどれだけ気づいているのでしょうか」

「又、国民全ての人にも、ぜひこの『つぶやき』を見てもらい、参加してもらいたいものです。

残念ながら、この女性は一傍聴者として一人で活動されているため、現時点では3つのワーキンググループすべてで同時に中継されるわけではありません。

しかし、この女性が始めた活動は、日本における民主主義がより国民に身近なものになり、より国民一人ひとりの主体性が高まる、大きなうねりの源流のような気がしてなりません」

そしてつぼやんも、ブログでこうケツダンしたのだった。

「私も陰に陽に、このうねりを加速するための活動をしていきたいと思います」

そらのは、亀井静香金融相がスタートさせた記者クラブ非加盟社向けの記者会見でも、「ダダ漏れ」中継を行っている。中継を終えた彼女は、ブログでこう書いた。

「このようなオープンな記者会見が開かれて、一ブログメディアの人間が、国を動かしている人の記者会見に参加し、生放送で配信できたこと。

それを見ている人たちがリアルタイムにTwitterで質問を投げかけ、わたしが代弁したこと。

すごいですよね。

いままで、現場に居れる人は限られていて、配信されるものも限られていた。

わたしたちはそれを受け取ることしかできなかった。

ほんの少しではあるけれど、報道の型が拡がりつつあるのかも知れません」

第四章

マスコミがけっして語らない論点

——八ッ場ダム、脱官僚、亀井徳政令——

情緒的な「脱ダム」批判を繰り返すマスコミ

マスコミの情緒報道と、それと対照的なネットのロジカルな分析――。そのような対比が、政権交代後のさまざまな局面であらわとなっていった。たとえば八ッ場ダム問題がそうだ。

民主党はマニフェストで、群馬県の吾妻川流域に建設が進められている八ッ場ダムの中止を宣言していた。そして政権交代の直後、前原誠司国土交通大臣は事業中止をあらためて明言した。これに地元の群馬県知事や長野原町議会などが猛反発し、八ッ場ダム問題は一気に火種となったのだった。

なんとも不思議だったのは、マスコミ言論の向かった方向性だった。民主党の脱ダム政策を歓迎すると思いきや、なぜか報道はまったく逆へと突っ走って「地元」寄りの民主党批判を始めたのである。

たとえば毎日新聞の『選択のあとに　09政権交代』という連載記事。

「『建設容認』を受け入れた地元の思いは複雑だ。国の方針が転換されれば、ダム建設を前提としてきた生活設計は根底から覆る。計画浮上から57年。政治に翻弄《ほんろう》され続ける住民のいらだちと不安が募る」

「(引用者注：住民協議会の代表は)『墓が(なぜ)すべてダム湖を見られる場所に建てられているか分かりますか。苦労して、失意のうちにこの世を去った先祖も一緒と考えているからです。そんな住民の気持ちを逆なでするように、お彼岸の中日に来るなんて心が痛む』と声を震わせて訴えた」(九月二四日)

また産経新聞のウェブ版の記事はこうだ。

「温泉街で唯一の土産物屋、樋田ふさ子さん(80)。60年近い、ダム構想の推移を一番の現場で見続けてきた。『大臣が来るなら再建の代替案を提示するべき。これ以上、問題が長期化するのはもう耐えられない』。その一言には十分すぎるほどの切実さがあった」(九月二四日)

なんとも、情緒報道のオンパレードである。

しかしこれまで環境保護運動を支援して、「環境を大事に」というスタンスの記事を書き続けてきた朝日や毎日は、「脱ダム」を思いきり強く推進してきたはずだ。

たとえば毎日を例に挙げて昔の記事を見てみよう。二〇〇〇年以降の社説を眺めていっただけでも、多くの「脱ダム」論が目につく。代表的なものを挙げる。

「ダムは経済成長の波に乗り、建設が続いた。公共事業の中で、ダム建設を含めた治水事業は、道路整備に次ぐ位置を占める。しかし、『まずダムありき』の時代は終わった。

ダムは治水、利水の役割を果たすが、一方で川の様相を変え、水質を悪化させる恐れがあ

る。(中略)
国は治水に対する考え方を方向転換しようとしている。川が氾濫することも前提にしたうえで、住宅地などを堤防で囲む『輪中《わじゅう》』も復活させる。治水事業全体の中でダムをとらえ、一つずつ検証する必要がある」(二〇〇一年四月一五日)
「川辺川ダムについては、農業用水と並ぶ目的である治水機能でも、国土交通省の言い分に対して市民団体などから疑問が出されている。ダム計画そのものが問われている。(中略)
いったん、計画決定されれば、経済社会状況が変化しても、変えないというのでは、予算の無駄遣いといわれても反論はできない。同時に、無駄を無くすためにも公共事業の地方への権限移譲は進めなければならない。真の意味の住民利益にならなくては公共事業の名に値しない。
政府は『土建国家』を過去のものにするためにも、中止も含めた公共事業の全面的な見直しに着手する時である」(二〇〇三年五月一八日)
この川辺川ダムというのは、国土交通省が熊本県の球磨《くま》川水系に計画している巨大ダムだ。一九六〇年代から計画が始まり、八ッ場ダムと並んで事業長期化のダムの代表例として知られている。民主党が建設中止を公約していたのも、八ッ場ダムと同じだ。八ッ場ダムと違うのは、二〇〇八年に就任した蒲島郁夫熊本県知事が、「住民のニーズに求められるダムによらない治水のための検討を極限まで追求すべきだ」と計画を白紙撤回することを国に求めていることだ。

このときも毎日は社説で、蒲島を応援してこう書いた。

「国交省はダムによらない治水計画を早急に示すべきである。

蒲島知事は、なぜ反対なのか。『流域住民にとって球磨川そのものが守るべき財産であり宝。そうしたローカルな価値観を尊重したい』ためである。国交省の『ダム至上主義』には同意できないということだ」

「国交省は最近になり環境配慮型ということで穴あきダムを選択肢のひとつに提示した。しかし、専門家の間で穴あきダムの評価はまだ定まっていない。『河床掘削や遊水池などハードと、緊急避難システムなどソフトの対策を進めたい』という蒲島知事の提案の方が現実的だ」

(二〇〇八年九月一二日)

毎日が蒲島の白紙撤回に同意しているのは、「地元がかわいそうだから」というような理由じゃないということなのだろう。あくまでも「ダム至上主義ではないローカルな価値観を尊重」して、「ダムではなく、ハードとソフトの対策で治水を進めるという蒲島知事の提案が現実的」というロジックだったのだ。

そうした「脱ダム」のロジックが正しいかどうかはもっと議論していかなければならな

いけれども、しかし少なくとも九〇年代からごく最近にいたるまで、毎日のダムに対する考え方は一貫していたのである。

説明なしに「脱ダム」の主張を曲げた毎日新聞

ところが、だ。民主党が八ッ場ダム建設中止を打ち出したとたん、そうした考えはなぜか一掃され、「地元がかわいそう」「勝手にダム中止するな」という声が紙面にあふれ始めたのである。

いったいどういうことか。

総選挙が終わった直後から九月末までの毎日の見出しを並べてみよう。

本体工事入札延期　歓迎と不満の声交錯（九月四日）
日本激動：八ッ場ダム入札延期　混迷〝沈む町〟　準備20年、今さら（九月四日）
八ッ場ダム入札延期　流域自治体「困った」（九月四日）
入札延期　藤岡市長が国交省に早期完成を要望（九月五日）
都の負担金457億円、石原知事「中止なら請求」（九月五日）

中止なら「ダメージ計り知れず」　川原湯温泉旅館組合が声明（九月八日）
「中止なら返還請求」　民主マニフェストで（引用者注：栃木県）知事（九月九日）
「あらゆる闘争展開」　推進協設立、知事や住民ら出席（九月一一日）
1都5県の知事や議会へ働きかけを――推進議連が方針（九月一一日）
中止反対の住民協議会が発足（九月一一日）
完成、鳩山氏に要請へ――1都5県の会（九月一二日）
地元住民の生活再建要請へ――民主6都県議（九月一三日）
「一方的に中止ありえず」　知事、国をけん制（九月一五日）
早期完成要請書、民主などに郵送――地元住民団体（九月一五日）
建設推進の（引用者注：埼玉）県議連盟が総会　民主系8人が欠席（九月一七日）
中止表明　県政界から戸惑い　市民団体は歓迎（九月一八日）
「中止なら全額返還を」（引用者注：茨城県）知事、他都県と連携強調（九月一八日）
中止問題　公約がルール違反（引用者注：埼玉県）知事、国交相発言を批判（九月一八日）
継続求め意見書　地元6町村議会、相次ぎ採択（九月一九日）
「国の都合で中止か」　知事、鳩山内閣に疑問――県議会開会（九月一九日）

25日の臨時総会で建設推進を決議へ――県町村会（九月一九日）
中止問題　地元の長野原町長「白紙の状態で」　国交相に文書（九月二〇日）
国交相との現地意見交換会、不参加へ――水没5地区委（九月二二日）
国交相「中止方針変えぬ」　地元は意見交換会欠席（九月二二日）
国交相「真摯に対応する」　意見交換会、東吾妻町も不参加へ（九月二三日）
国交相視察　改めて中止明言　地元町長「がっかり」（九月二四日）
反対住民、国交相を評価（九月二四日）
現場視察し中止明言　国交相、政策変更を謝罪（九月二四日）
「中止容認できぬ」　建設求め町村会決議（九月二六日）
中止表明で、大澤（引用者注：群馬県）知事「国交相は独裁者」　議会で厳しく批判（九月二九日）
自民・谷垣氏が来月2日に視察へ　与野党論争の最前線に（九月二九日）

情報量の少ないこれらの見出しをしつこいぐらいに並べて申し訳ないが、もの凄い数のネガティブ報道であふれ返っていることがわかっていただけただろうか。

とにかく「なぜ中止するのか」の大合唱なのだ。もちろん利害関係のある地元自治体が建設中止を訴えるのはわかる。なにしろダムは道路と並んで、利益誘導型の公共工事の代表選手だ。なくなってしまうと地元にカネが落ちなくなってしまう。でもそんなことは昔からわかっていた話で、いまさら「ダム推進」に新聞社が路線変更する理由にはならないだろう。

なのに毎日はそうした声ばかりを大量に報道し、建設中止を促すような声はわずかにしか報道していない。このリストでいえば、二四日の「反対住民、国交相を評価」という記事ぐらいしかない。

毎日がもし本気で「ダム推進」に舵を切るというのであれば、それはそれでかまわない。誰にだって考えを変えることはある。

でももしそのような路線変更をするんだったら、ちゃんと説明すべきだ。「なぜ建設は進めなければならないのか」ということをきちんとロジカルに書かなければいけない。ところがこれらの記事にはロジカルな説明はどこにもない。ただひたすら「地元がかわいそう」と情緒をあおり、そして「地元の町村や県や協議会が反対している」ということを延々と集中豪雨的に報じているだけだ。

このジャーナリズムにいったい何の価値があるんだろう？　たんなる地元自治体寄りのアジテーションでしかないじゃないか。

さらに九月二九日には、八ッ場ダム建設中止は「乱暴だ」と訴える記者のオピニオン記事まで現れた。書いたのは、東京社会部の伊澤拓也。〇七年から〇九年まで地元支局に所属し、八ッ場ダム問題を取材してきたと記事には書いてある。

「初めて水没地区にある川原湯温泉を訪れたときの戸惑いは忘れられない。緩やかな坂道に並ぶ風情のある木造旅館が数年後には水に沈む。そう言われても、ピンとこなかった。それにもまして、住民のほとんどがダムに賛成している事実が信じられなかった」

そうして彼は、こう続ける。

「川原湯温泉もやはり活気を失った。80年代に22軒あった旅館は現在7軒。空き家が目立つうえ、移転を控えて改修を見送っているため、老朽化が進んでいる。そんな中で、住民たちはダム湖を観光資源として温泉街を再生する計画にたどり着いた。川原湯の住民は現在より東の高台に造成中の代替地に新たな温泉街をつくり、ダム湖の集客力でにぎわいを取り戻そうという青写真を描いたのだ」

「ダムに反対する市民団体『八ッ場ダムをストップさせる市民連絡会』の嶋津暉之《てるゆき》代表（65）が『これまでダムでにぎわった街はない』と指摘するように、ダムによる街の再生が成功するかは未知数だろう。それでも、川原湯で『やまた旅館』を営む豊田拓司さん（57）は『夢物語だとは分かっているが、古里に残るにはその選択しかなかった』と苦しい胸の内を明かした。57年という歳月の中で生まれた、複雑に入り組んだ感情。取材中、淡い希望に残りの人生を託すしかなくなった住民の思いに何度も触れ、胸が張り裂けそうになった」

この記事の中に、ダム建設を遂行しなければならないロジックはなにひとつ提示されていない。ただ地元住民の「苦しい胸の内」に触れて、「胸が張り裂けそうになった」と情緒に浸っているだけだ。これを読んで、読者はどう八ッ場ダム問題を判断しろというのだろう？

また毎日の埼玉県版ではこの時期、記者の岸本悠がこんなコラムを書いている。

「『地方分権どころか、ひどい中央集権国家じゃないか』。八ッ場ダム建設推進派の県議の発言にうなずかされた。私自身は、中止か否かの結論を出せていないが、鳩山政権の姿勢には違和感を感じるからだ」

「民主党は建設中止をマニフェストに盛り込むにあたって、地元の声をほとんど聞いていない。前原誠司国土交通相がようやく現地を訪れたが、下流で最多の事業費を負担している埼玉県には、いまだに説明や代案の提示はないという」

「『国が決めたことに地方は黙って従え』というのでは、今までと何も変わらない。最終的な結論はどうなるにせよ、しっかりとした対話が不可欠だ」

ネットが明かしたワイドショーの〝ヤラセ報道〟

そもそもその「地元の声」とは、いったい誰を指しているのだろうか？　県知事？　町長？　町議会議員？　ではそこに住んでいる普通の人たちの声はどうなのだろう？

そういう声に応えるように、テレビのワイドショーには「地元の住民」と名乗る中年女性がひんぱんに出演するようになった。

「死んだ祖父・祖母がダムの完成を楽しみにしていた」「私たちは下流流域のために、犠牲になってダムを建設したいんです」「涙でダムがいっぱいになるほど泣きました」

こういう情緒的な（しかしなんだかちょっとできすぎな）セリフをとつとつとしゃべって、あっという間にワイドショーの人気者になったのだった。彼女なら地元の町長や知事じゃない。正真正銘、本当の「地元の声」だ！

でもこの女性は、じつは木訥《ぼくとつ》な一般市民なんかじゃなかった。ワイドショーはそれを知っていて、でもそのことはいっさい説明せずに隠して出演させていたのである。

彼女は、ダム推進派に属する町議会議員だったのだ。

それを明かしたのは、インターネットだった。

誰かがこの女性の名前をグーグルで検索し、そして地元の町議会議員と同姓同名であることに気づいた。この情報に、2ちゃんねるはあっという間に「祭り」状態になる。

人気ブログ『きっこの日記』がさっそく、こう伝えた。

「地元住民が、実はダム建設推進に深く関わって来た長野原町の自民党系の町議会議員であったことが分かった。町議会議員でも住民には違いないが、町議会議員であることをまったく報じず、いかにも仕事中のような服装をして『われわれ住民の気持ちはどうなる！』『わたしたち地元の人間のことはまったく考えてくれない！』などと、口にしているセリフも町議会議員の立場からのものではなく、あくまでも一般の住民を装っている」

この情報が流布されてさすがにワイドショーもまずいと気づいたのか、中年女性の登場回数は減り、報道もトーンダウンした。しかしこの件に関してお詫びを出した放送局は皆無だった。

マスコミが八ッ場ダムにからんで情緒報道を大洪水のように垂れ流し始めるのを見て、ブログ圏域ではマスコミ批判の声が日増しに高まっていった。

千葉県の大野ひろみ県議は、自身のブログで「今えらそうなことをおっしゃるマスコミの方々に言いたい」と問うた。

「50年前、住民が必死の思いで八ッ場ダム建設に反対したとき、あなた方は何を報道したのか？それこそ、本物の涙で一杯の住民たちの姿があったはずだ。

（中略）なぜ一昨年の暮れに、八ッ場ダムの工期が更に5年延びることが決まったとき、騒がなかったのか、ジャーナリストさんたちよ」

そもそもマスコミの根拠があまりにも不見識だ、という指摘も多く現れた。

新聞やテレビの報道では「すでに工事は七割方完了している」「多くの税金が投じられている」といった点を論拠に「工事を進めるべきだ」という方向に議論を進めようとしているようにしか見えない。たとえば毎日の社説はこうだ。

「すでに約3200億円を投じており、計画通りならあと約1400億円で完成する。中止の場合は、自治体の負担金約2000億円の返還を迫られ、770億円の生活再建関連事業も必要になるだろう。ダム完成後の維持費（年間10億円弱）を差し引いても数百億円高くつく。単純に考えれば、このまま工事を進めた方が得である」

社民党の保坂展人《のぶと》前衆院議員はブログ『保坂展人のどこどこ日記』で、「ダムは当初、半額以下の予算で建設されるはずだった。しかし、総工事費を四六〇〇億円にひきあげても、この金額で完成すると断言している人は誰もいない」と、そもそも工事の七割が終わっているという説明そのものが誤っていると指摘した。

さらにいえば、この毎日の社説に代表されるような「すでに使ってしまったお金がもったいない」というロジックは、根本的におかしい。

サンクコストという言葉がある。埋没費用と訳され、何かの事業に使った資金のうち、事業の撤退や縮小を行っても回収できない費用のことを指す。八ッ場ダムにこれまで使われた予算はサンクコストで、仮に事業を止めたとしても回収はできない。このサンクコストは判断材料に入れずに、残りの予算一四〇〇億円をダム建設に投じる価値があるか、というのが合理的な考え方なのだ。

つまりマスコミの「これまでの事業費がもったいないから建設を続行させよう」という論理は、サンクコスト的には明らかに間違っている。しかしマスコミの記者の多くは、こうしたサンクコスト的な考え方自体をよくわかっていないようだった。

ブログ『プログラマになりたい』は、こう指摘した。

「八ッ場ダムについてGoogleニュースでざっと調べてみました。賛否両論ですが、建築推進派に目立つのが今まで何千億円と掛けてきて、工事も7割方終了していることがあるようです。まぁ、心情的にはもっともだと思います。が、一度冷静になって、サンクコストに惑わされないで、もう一度白紙になって考えるべきことのように思えます。今まで掛けた費用ではなくて、建築することの便益と費用で考えるべきなのでは？」

「まぁ、私が疑問に思っているのは、八ッ場ダムというよりサンクコストの観点で記事を書いている新聞社が見当たらないことです。あるのは、心情的な反対とか行政の責任とか。そういう部分も大切ですけど、マスコミの役割はそれではないでしょう。テレビの方は殆ど見ていないですが、どういった論調なのでしょうか?」

またブログ『木走日記』は、ダムの工事は甘い算定基準で行われ、つねに工事費用があとからかさんでくるような状況が生まれてきていることを指摘し、

「ダム本体工事だけでなくこれらの関連工事に群がる多くの国交省管轄外郭団体とダムゼネコン企業達がこのダム事業の事業費を膨大させるプレーヤーとして参加しています。(中略)過疎地に膨大な金をつぎ込み多くの利権を生むこのやり方で、費用対効果など『科学』できうるはずがありません」

毎日が社説で書いたようなダム費用の計算の根本が間違っている、と批判したのだった。

官僚に操られるマスコミ

どうしてマスコミはこうなってしまったのだろうか。どうしていままで「脱ダム」だったのに、急にダム推進派に鞍替えし、おまけに情緒報道に思いきり転落してしまったのだろうか。

じつはこれらの説明をマスコミに対して流しているのは、国土交通省の官僚たちだ。民主党の脱ダム政策をなんとか阻止しようと、マスコミを巻き込んでネガティブキャンペーンを繰り広げているのである。彼らはもちろんサンクコストのことなど重々理解しているが、しかしマスコミの若い記者たちにはそうした概念はあえて教えない。

そうしてマスコミの、特に若い記者たちは老獪な官僚たちにころりとだまされ、ネタと引き替えに官僚の意のままになる記事を垂れ流すはめになってしまっているのだ。

社民党の保坂はこう指摘している。

「政権交代によって危機に陥った国土交通省のダム官僚たちが煽っているデマを何の精査もせずに垂れ流しているテレビ番組を見ていると『思考停止社会』も極まっていると感じる」

じつのところ八ッ場ダム問題は、長い年月にわたって蓄積されたさまざまな政争や地域の問題が重層的に関係している。

たとえばブログ『リュウマの独り言』は、この背景に中曽根康弘と故福田赳夫の戦争――いわゆる「福中戦争」があったことを解説した。

「この地区は群馬5区で中選挙区時代『中曽根』『福田』の両氏が激しくトップ争いをしていたところである。（中略）福田氏が『賛成』中曽根氏が『反対』と分かれ、政争の具にされてしまった、このダムは『福田ダム』と呼ばれていたのである。福ー中の対立、互いが意地の張り合いをし宙ぶらりんの状態に八ッ場ダムを置いた。住民も、である」

そして『リュウマの独り言』は、こう批判した。

「私のような素人ですら、この程度は調べられる。そして説明できる。『マスコミ』にたずさわる解説者、コメンテーターなる人々の『不勉強さ』には、いささか怒りを感じる」

「ダム中止」は民意といえるのか

いっぽうで、地元に在住しているブロガーからは、八ッ場ダムの事業中止に対するまっとうな反論もあった。たとえばブログ『缶詰にしん』は、選挙前の八月中旬にこう書いた。

「いまダム建設を中止するということは、川原湯をはじめとする水没地区住民の生活を崩壊に追い込むだけにとどまらず鉄道や道路の付け替え工事も中途半端に放置し、かつ、なんら財源にもならない可能性があるということだ。

さて、〝無駄〟なのはどちらだろう？

公共事業削減とか、環境重視とか、脱ダム宣言とか、実情を知らずになんとなくイメージに惹かれる人たちは『よろしい、ならば八ッ場やめろ』ということになるのだろうが、実際にこのへんの流れを身をもって知っている県民は、その辺に引っ掛かりを感じている」

つまりはダム中止をめぐる論理的な議論が行われないまま、情緒的にものごとが判断されていく状況に危惧を示したのだった。地元にとっては切実な問題も、その土地と利害関係のない人にとっては、たんなる「対岸の火事」にすぎない。対岸の火事を眺めるようにして、「環境保護が大事なのでは?」「これからは脱ダムだ」とどこかで聞いてきたような主張を口にする人には、「切実感」が欠如している。地元と同じ立場に立って、その地元の問題を考えることは可能なのか？　そういう鋭い刃を、このブログは人々に突きつけたのだった。

おまけに民主党は今回の総選挙で、八ッ場ダムの地元選挙区に候補者を立てていなかった。『缶詰にしん』はこう続ける。

「民主党は八ッ場ダムの選挙区に候補者を立てていない！

これってなんだ？本当にそれが『民意』ってやつなんだろうか」

当事者とはいったい誰なのだろうか？　その問いかけに答えられる人は、民主党にも都市部にもいないだろう。

本来は下流の都市住民も当事者であり、ダム建設地域の住民も当事者である。しかし地元住民に苦しみが押しつけられているいっぽうで、都市住民は「なんとなく」「気分で」建設に反対しているのにすぎない。そこにきちんとした議論が生じなければいけないはずなのに、すべてがマスコミ主導で情緒に流れていく。

『缶詰にしん』は選挙後、さらにこう書いた。

「もし『マニフェストに従うのが民意だ』というのならば、こうも言っておこう。民主党は、前回衆院選でも『八ッ場ダムの見直し』を掲げて選挙を戦った。そして負けた。あの時は争点になってなかった?じゃあ今回もそうだ」

「民意が脱ダムを選んだ」というのであれば、二〇〇五年の選挙で脱ダムを掲げて民主党が敗れたということは、当時の民意は「ダム推進」を選んだということになる。論理的帰結としては、そうだ。「二〇〇五年には自民党に入れたけど、ダム推進を選択したわけじゃない。そんなことを理由に投票したわけじゃない」と反論する人もいるだろう。だったら今回の選挙だって、国民の大半は脱ダムを選んで民主党に票を投じたわけではないだろう。すべてのマニフェストに同意して投票したわけではない。だったら「二〇〇九年の選挙で、民意がダム中止を選んだ」というロジックは、やっぱりあまりにも短絡的ではないか。

この問いかけは非常に重い。民意というものの意味をあらためて私たちに突きつけているからだ。

ブログ『科学ニュースあらかると』は、書いた。

「その土地の住民では無いのに土地の人達の反発を中傷する人間は、『選挙で勝利した多数派である民主党の政策は、国民の選択した正義。自分達の選択は無条件に受け入れられるべきだ』と主張している事になるので、同様の理屈で『土地を奪った』人間の政策選択の分の行動の責任は、もちろん『私はずっと反対だった』と主張する人間も共同で背負う事になる」

ダム中止が民意の決定であるのなら、ダム遂行もかつての民意の決定だったということだ。だったらその「ダム推進」という意志を選んだわれわれ日本人は、これまで土地を収奪されてきた八ッ場ダムの地元住民に対して、きちんと責任を負わなければならない。民意がその意志の集合体として政治体制を選んだのであれば、責任は連帯するはずじゃないか。

民意がそのように反転に反転を繰り返していることを、われわれは認識しなければならない——インターネット上での議論は、そうした問題を浮かび上がらせたのだった。

しかしマスコミの報道には、そうした論点はどこにも見当たらなかった。

新聞がようやく八ッ場ダム問題の検証記事を掲載したのは、さんざん情緒報道を繰り返したあとの一〇月中旬になってからである。

毎日は一〇月一五日、『ニュースナビ』というコーナーで「どうなる八ッ場ダム」という解説を書いた。また朝日はさらに遅く、「一からわかる八ッ場ダム計画」という記事を掲載したのは同月二六日になってからだった。

朝日で新聞批評を担当している元NHK記者でフリージャーナリストの池上彰は、『新聞ななめ読み』という連載でやんわりと、しかしなんとも痛烈にこう批判した。

「そもそも八ッ場ダムとはどんなものか、朝日新聞はなかなか詳しく説明してくれませんでした。

ニュースを解説するという私の仕事が成り立つのは、こうした新聞の怠慢さによってです。私がテレビで『そもそも八ッ場ダムはなぜ計画されたのか』『工事現場の映像に出てくる巨大な建設物は、実はダムの本体工事ではない』という基本情報を解説すると、多くの視聴者から『知らなかった』という驚きの反応が寄せられます。

新聞が『ニュースをわかりやすく解説する』という本来の仕事を放棄してくださるおかげで、私の仕事が成り立っています。ぜひ、これからもこのままでお願いします、と皮肉を言いたくもなろうというものです。

と思っていたら、朝日新聞は、10月26日朝刊3面で、ようやく『一からわかる八ッ場ダム計画』と題した解説を掲載しました。（中略）

まあ、これだけ時間をかけて調べて書けば当然だよな、と突っ込みを入れたくもなります。この内容の解説記事が、あと3週間早く掲載されていたら、新聞の解説機能は健全だと評価してあげられたのですが。『遅きに失した』対応を、これからもよろしく」

非建設的な「官僚バッシング」

政権交代後、もうひとつの大きな論点となったのは「脱官僚」だった。

政治を官僚の手から引きはがし、政治主導にしなければならないというのは民主党の堅い決意で、政権交代するとさっそく、明治時代から一二〇年も続いていた事務次官会議を廃止した。事務次官会議というのは、各省庁の官僚のトップである事務次官が集まり、閣議に提出される法案や人事案件などを事前に調整する会議のことだ。本当なら閣議が法案や人事を検討する会議にならなければならないのに、事実上の話し合いは事務次官会議ですべて行われて調整も終え、閣議は儀式のように事務次官会議を経由した案件をしずしずと通すだけになってしまっていた。

これは政治主導ではない、と民主党は官僚たちに宣言したのである。

そのかわりに「閣僚委員会」を設置した。これはすべての大臣がそろう閣議以外に、少人数のミニ大臣会議を時に応じて開いていくというものだ。法案や政策などで省庁にまたがる問題が生じたときには、この閣僚委員会で調整することになる。官僚はほとんど出席せず、各省庁の大臣と副大臣、政務官の「政務三役」が政策立案の中心となる。

さらには国家戦略室と行政刷新会議という二つの組織も設置して、これを政策の司令塔としていくとした。

こうした「脱官僚」の動きに対して、新聞は「官僚vs.民主党」という対立軸を立てて、その対立をさかんにあおった。

たとえば朝日新聞は一〇月一七日朝刊の政策面に「政治主導　どこまで『政務三役会議』『閣僚委員会』」という記事を載せ、こんな場面を紹介した。

「大臣、副大臣、政務官からなる各省の『政務三役』は脱官僚依存の最前線だ。『副大臣、我々役人にとって予算は命です』

政権交代で仕切り直しとなった概算要求の取りまとめ作業が大詰めに差し掛かった今月中旬。農林水産省3階の第一特別会議室で、局長の一人が血相を変えた。要求内容を査定する副大臣、政務官から『認められない』と事業を突き返されたからだ」

この記事では、脱官僚のための課題は「人手不足」とされ、「内閣側が国会質疑に立つ与野党議員に事前に聞きに行く『質問取り』は、政務官が担当することが想定されていたが、当面は各省の国会連絡室の官僚に任せることにもなった」などと書かれている。そして記事は、こう続く。

「官僚たちからは戸惑いや不安の声も漏れる。仕事が激減した内閣官房の官僚の一人は『我々は楽でいいけど、官僚にやらせればいい仕事まで政治家がやっている。（政治家が）過労死してしまう』」

しかし本当に人数の問題なのだろうか？　そんな単純な話なのか？　だいたい「政治家が過労死してしまう」などという官僚の発言は、記事に書かなければいけないほど大事なコメントなのか？

ブログ『モジックス　Zopeジャンキー日記』は「官僚そのものをワルモノ扱いしても、問題の『真の構造』はなくならないだろう」と指摘した。

「日本の政治家はこれまで、政治家本来の役割である立法や政策立案にあまり取り組んでおらず、そこは官僚に丸投げしていたという面もあったようだ。権力闘争やメディア対応、支持者回りや選挙対策、さらにひどい場合には利益誘導、といったことばかりやっていて、立法や政策立案をあまりマジメにやっていなかったために、そのノウハウが全部官僚のほうに行ってしまっていたのだ」

こういう状況のもとでは、官僚は自分たちでなんとか日本という国を回していかざるを得ない。政治家がやらないから、しかたなく官僚がすべてを負っている――そういう見方だってできる。

「官僚側から見れば、『有能なわれわれが、きわめて重要な仕事を、毎日夜中過ぎまでやっているのだから、高給や身分が守られるのは当然だ。政治家は何もわかっていないし、実質的に法や政策はわれわれが作るんだから、政治家の言うことなど聞き流して、そのうち落選するのを待とう』というふうに考えたとしても当然だろう」

『モジックス Zopeジャンキー日記』は、脱官僚の真の問題は、政治に対する国民の無関心ではないかと説く。

「国民が政治について考えることを避けつづけ、自分に関係ないものとして『国任せ』にし、『安上がり』に済ませてきた、というところに行き着くと思う。

国民がもっと政治に対する関心を高めれば、テレビや新聞、雑誌などでも政治がコンテンツとして成立するようになり、シンクタンクが活躍する場も増える。シンクタンクが増えれば、政治家の『雇用』問題が改善し、人材の供給源や受け皿が増える。こうなれば政治のレベルも上がり、政治家もシンクタンクを活用できるようになって、官僚依存を減らすことができる。

つまり、わたしたちが政治に対する関心を高め、多少のカネを出すようになれば、このような『政治エコシステム』ができあがり、日本の政治は変わりうるのだ」

『週刊金曜日』編集長の北村肇は、自身のブログで「官僚との丁々発止のやりとりに民主党議員は耐えられるだろうか？」と危惧した。

国会議員の多くは、当選したらすぐに次の選挙の準備に入る。落選議員が地元を必死で回っているのを横目に、中央で政策論議に明け暮れていては、選挙に勝てない。しかしそのような選挙中心の政治活動に陥ってしまうと、今度は政治家としての本分がないがしろになってしまう危険性がある。政治主導を掲げる民主党の議員たちは、このジレンマに直面するだろうというのだ。

「前回選挙で議席を得た小泉チルドレンは、ほとんどが討ち死にした。台風並みの嵐に乗じて当選した民主党議員にとっては、人ごとではないだろう。まして、今度は任期途中での選挙は避けられそうにない。寸暇を惜しんで有権者の手を握り、顔と名前を売りたいと考える議員に、しゃにむに政策を勉強する余裕が果たしてあるのだろうか。

むろん、この試練に耐えてもらわなければならない。多くの有権者は理想実現に一票を賭けたのだ。その一つに、官僚、族議員、業界のトライアングル政治への拒否があった。官僚に勝てない政治家などいらない。マックス・ウェーバーは、政治家に必要なのは『情熱、責任感、判断力』といった。不可能を可能に変える情熱を見せて欲しい。それは一万人との握手に匹敵するだろう」

問題は機能不全の官僚活用システム

独立系の政治経済ニュースサイトとして注目を集めているJBpress（日本ビジネスプレス）は、『日経ビジネス』の元記者たちが中心となって開設したウェブメディアだ。この新興メディアで人気の執筆者のひとり「博雅」は九月一日、「下野する高級官僚は何処へ？」という記事を掲載し、日米の政治システムの違いについて比較分析してみせた。

まず日本。

「政策立案・運営能力のある優秀な人材を国民が税金で雇い、安定的に活用しようとするものである。批判を浴びているが、天下りとは人材が固定化して政策が硬直化する事態を回避し、且つ官僚の引退後の生活を保障することで、骨身を惜しまず不偏的に国家戦略に尽くすことを求めたシステムと言える」

一方のアメリカ。

「米国では政権交代の度に政策の中枢に位置する政治任用の高級官僚（ポリティカルアポインティー）がガラリと入れ替わる。その受け皿となるのが、シンクタンクや議員スタッフである。

ワシントンには幾つかの有力シンクタンクが存在するが、その全てが民主党系か共和党系に色分けされている。政権を追い出された側は、こうしたシンクタンクで働いて捲土重来を期す。

場合によっては、コンサルティング会社などに転職して高給を得る。日本のようにそれが悪だとは誰も言わない。国家の政策立案を担うような人材が安く手に入るとは、誰も思っていないのだ」

政権交代の引き継ぎにかかる事務的なコストは小さくない。加えて、二大政党がそれぞれ政策スタッフを抱えなければならないため、政府にとって必要な人材が両方の党で重複してしまう無駄を考えれば、制度維持にかかる社会的コストは日本のほうが安くついている、と彼は書いた。また官僚・スタッフの政治性はアメリカのほうが強いということを、日米の二つのテレビドラマを引き合いに出して解説した。

ひとつは城山三郎原作の『官僚たちの夏』（新潮文庫）である。ちょうど選挙の時期にTBS系で放送されていた。「ミスター通産省」と呼ばれた佐橋滋をモデルにしたといわれている昭和三〇年代の通産官僚が、ときには強引な手法をとりながらも日本を牽引していく。高度成長時代の古きよき官僚像が描かれた名作だ。「われわれは国家に雇われているのであって大臣に雇われているわけではない」という名文句も知られている。

「これに対し、米国の政党色の強い官僚システムを理解できるテレビドラマが『The West Wing（邦題：ザ・ホワイトハウス）』である。ここに登場する米国官僚の政治性の強さは、『官僚たちの夏』の主人公・風越信吾とは大違いだ」

「脱官僚」はお題目としては素晴らしいが、しかしアメリカのようにカウンターの人材が官僚の他にはほとんど存在していない。自民党政権時代、民主党は「ネクストキャビネット」と名づけた影の内閣を組織していたが、脱官僚を旗印にするのであれば、「ネクストビューロクラット」を養成しておくべきだったかもしれない。現実にはほとんど不可能だが——。

博雅は書く。

「残念ながら、国民の多くは政府の非効率性の責任を高級官僚に押し付けようとしている。本来は政治家と、いわゆるノンキャリアの役人を大勢抱えるシステムに問題があるはずなのだが」

つまりは官僚を使いこなすシステムの問題ということだ。

いっぽうでマスメディアの記事にはこうした分析はほとんど存在しなかった。朝日新聞編集委員の星浩は、『政態拝見』というオピニオン面の九月二六日のコラムで、こんなくだらない小話を紹介している。

「自民党政権時代、自民党の議員が官僚に『何か良い政策はないか』と声をかけた。官僚が法案を持参して『この法律が成立したら、政治資金が集まります』と答えると、その議員は『でかした。さっそく国会に提出しよう』。政権交代して民主党の議員が官僚に『良い政策はないか』とたずねた。官僚が法案を説明して『この法律ができたら「民主党は脱官僚を進めている」と評価されます』。議員は『でかした。早速、発表しよう』と、記者会見場に向かった」

この小話に星は「『脱官僚支配』を掲げる民主党さえも丸め込んでみせるという官僚たちの本音が透けて見える」というオチをつけているのだが、このようなどうでもいい「官僚対民主党」戦争を描いていても、何も始まらないのは言うまでもない。

もっとひどい記事もある。同じ朝日新聞の「言葉の『脱官僚』進めては」という一〇月三日の記事。

「『宇宙開発利用がより一層推進されるよう、大臣として尽力してまいります』。先月18日未明、日本初の無人宇宙船HTVが国際宇宙ステーションに無事ドッキングすると、前原誠司宇宙開発担当相の『談話』がさっそくペーパーで発表された。（中略）官僚側が準備した文案をそのまま使った印象は否めない。

同じような『談話』は前政権下でも繰り返し出されていた。そつなくまとめられてはいるが、その人ならではの思いや表現があるわけでもなく、最近は紙面で紹介する機会もあまりない。言葉は政治家の命ともいう。官僚のペーパーを拒否して就任会見に臨んだくらいなのだから、談話も官僚任せではもったいない」

コメントする価値もない、というのはこういう記事を指す。

問題は官僚の存在そのものにあるのではない。官僚という技能集団はじつに高い能力を誇ってこれまで日本を牽引してきた。その官僚システムが一九九〇年代以降、著しく劣化してきているように見えるのは、官僚の人材が乏しくなっているのではないということだ。

つまりは制度疲労なのである。優秀な官僚をうまく活用し、システム化する政治アーキテクチャが時代に適合しなくなってしまったため、うまく機能しなくなっていることが最大の問題なのだ。必要なのは官僚バッシングでもなければ、官僚と民主党の対立を面白がってあおることでもない。官僚に代わる政治スタッフがいますぐには期待できない以上、新しい官僚活用システムの構築を模索するべきなのだ。

逆効果になりかねない「亀井徳政令」

九月下旬には、今度は「亀井徳政令」がネット論壇に火をつけた。

新政権で金融大臣となった国民新党の亀井静香が、借金の返済猶予制度をやろうと主張し始めたのである。これは「モラトリアム」とも呼ばれ、貸し渋り・貸しはがしにあった中小企業や、住宅ローンが払えなくなっている個人などの救済を目的として、借金返済を三年ほど猶予してあげるというものだ。

このような徳政令的な政策を打ち出すというのは、いくら少数派の国民新党といってもちょっと尋常ではない。読売新聞は九月二五日の社説で、

「仮にモラトリアムが実施され、巨額の返済が長期間止まれば、銀行の業績は悪化し、融資の余力は低下しよう。新規融資に回せる資金も不足する。

そうなれば、金融機関は中小企業に対する融資に消極的になり、企業金融がかえって逼迫《ひっぱく》する可能性が高い」

と危機感をあおった。

しかし本当にそうなるだろうか？

公認会計士の磯崎哲也が書く有名ブログ『isologue』は、「亀井大臣の『モラトリアム』

は実はあんまり使われないんじゃないか?」と指摘した。

磯崎のロジックはこうだ。

――銀行と中小企業のつきあいは一過性のものではなく、継続的なゲームだ。だから「わが社はまだ生き残れる」と思う企業は、銀行に協力して友好的な関係を保っていこうと考える。逆に「オレの会社はもうダメだ」と思っている企業だと、関係は一回限りとなって「非協力」になる。

ということは、仮にモラトリアム法が施行されても、銀行と関係を保っていこうという将来のある企業は制度を使わない。逆に「もう将来がない」と思っている会社は「どうせ一回限りだから」とモラトリアム制度を利用するだろうから、この制度は「本来淘汰されるはずの悪い会社」を助ける制度になってしまう危険性が高いのではないか。

さらにいえば、そのような前提ではモラトリアム制度を申請したというだけで、「あの企業は潰れそうなのか」と判断されてしまう可能性がある。

「亀井大臣及び鳩山政権に都合がよく、普及も広まるのは、『亀井大臣のおかげで会社が助かりました!』という笑顔の経営者がテレビに登場することだと思います。

しかし、金融機関の広報的な立場から考えると、テレビの画面に『銀行の窓口にモラトリアムの利用を相談に来る中小企業が増えています』といった画像が流れることは避けたいはず。

中小企業側もそうです。

日本人は借入をするだけで『恥』という傾向が強いのに、ましてやそれを返せないなんてのは『恥』もいいとこなわけでして、普通はテレビなんかに顔を出したくは無いわけです。

過払金返還訴訟でも、弁護士さんはテレビに登場しても、『弁護士さんのおかげで助かりました！』という笑顔の債務者がテレビに登場するというのはあまり見たこと無いかと思います。

このため、仮にこの制度を利用した経営者がテレビで取材されるにしても、顔を隠して『経営が苦しくてねー、今回モラトリアム制度を使わせてもらいましたわー』という音声を変えた映像だけになるでしょう。

つまり、『ああはなりたくない』というネガティブなサインになってしまうわけですね」

つまりはモラトリアム制度ができても、それは社会をよい方向に動かすための装置にはならず、逆に黒いイメージをまとったネガティブな存在になってしまう可能性が高いということだ。

「『あの企業、モラトリアム制度の適用を受けたらしいよ』という情報は、今後の銀行取引やその他の取引先との取引にも悪影響を及ぼしかねません。

この情報を聞きつけた取引先から、『支払を早めてくれ』『現金でないと取引に応じられない』といった支払条件の悪化を突きつけられたら、モラトリアム制度を利用したおかげでかえって資金繰りが悪くなることも考えられるわけです」

また経済学者の池田信夫は、言論サイト『アゴラ』で、中小企業への貸し渋り・貸しはがしは亀井の言うような「銀行の怠慢」が原因ではないと指摘した。

「貸金業法の改正をはじめとする金融規制の強化によって、中小企業向けの融資の主力だったノンバンクが崩壊したことが最大の原因です。これを放置したまま銀行に融資を強制したり、借金を棒引きにさせたりしたら、銀行経営が破綻し、不況はかえって深刻化するでしょう」

『アゴラ』では、元伊藤忠アメリカの幹部社員で在ニューヨークの北村隆司もこう批判している。

「返済猶予は中小企業にとってもカンフル注射に過ぎず、経済の活性化と企業自身の競争力の向上が無ければ永続しません。一方この政策は、金融機関全体の70%を超え、270兆円にも達するといわれる中小企業向け融資の償還遅延を生み、日本の金融機関の体質を悪化させることは確実です。角をためて牛を殺す様な政策は、国民生活を更に苦しめる可能性さえあります」

外資系投資銀行勤務の藤沢数希が書く人気ブログ『金融日記』は、亀井は「東京大学でマルクス経済学を学び、キューバのゲリラ指導者チェ・ゲバラを心から尊敬する極めて危険な社会主義者」だから、「甘く見ない方がいい」とあおった。

わずか五議席の国民新党だが、民主党が参院の過半数を成立させるためになくてはならない存在だ。つまりは自公連立政権のときの公明党と同様に、キャスティングボートを握っている。

その男がモラトリアム法をごり押ししたら、どうなるか。藤沢は書きまくる。

「まず中小企業がものすごい勢いで潰れることになります。

なぜなら徳政令で借金が返ってこないリスクがあるから、日本の銀行は徳政令の法案成立前にものすごい勢いで貸し剝がしを実行しないといけないからです。

しかし、この中小企業の大量殺戮こそ、亀井の爺さんの第一の計画です。

ここで亀井の爺さんは日本の銀行界をさらに攻撃して、どんどん民衆を煽るでしょう。

『こんなひどいことになったのはすべて強欲な銀行のせいだ』と民衆を扇動するのです。

そして、怒り狂う民衆の力を使い、民主党に圧力をかけて、徳政令法案を成立させます。

亀井静香は中小企業の窮状を救った救世主として、民主、社民、国民新党の連立政権の中枢に君臨することでしょう。

そのころには郵政の完全国営化も完了しているはずです。

しかし、この借金棒引きによって、銀行経営は窮地に立たされ、日本の銀行株は世界中の投資家から売り浴びせられて破たん寸前になってしまいます。

実は、このように日本の銀行を瀕死の状態まで追いこむのが亀井氏の第二の計画です。

この自らが引き起こした金融危機に乗じて『日本の金融システムを救う』という大義名分の下に莫大な公的資金を一気に注入します。

このころには中小企業を救い、さらに金融システムを救った政治家として国民的英雄になっているはずです。

そして、日本国政府が全てのメガバンクの筆頭株主に躍り出ます。

このメガバンク国営化が亀井静香の第三の計画です。

こうなると日本の1500兆円の金融資産のほぼすべてを、亀井の爺さんが牛耳る金融庁が完全に掌握することが可能になるのです。

そして、その後は警察権力を使って…」

そして彼は、「この爺さんは、21世紀に、世界第2位の経済を誇る資本主義国家で、たったひとりで社会主義革命を起こそうとしてやがるんだ！」と書くのだった。

これはあまりにもマンガ的な未来であるとしても、しかしじつのところ、本質的な部分を突いているようにも見える。亀井が社会主義的なイデオロギーを持った人物であることは、多くのブロガーたちが指摘しているのだ。

経済を停滞させる金融社会主義

JBpressの博雅は「『亀井モラトリアム』の行き着く先」という記事で、金融社会主義の危険性を描いた。

いま世界では、金融社会主義の嵐が吹き荒れている。たとえば二〇〇九年九月二五日にG20首脳会議が、銀行幹部の報酬制限という規制を導入したことなどがそうだ。九〇年代から劇的に進んだ金融の自由化への反動として、民間金融機関への政府の介入が進んでいるのである。これが金融社会主義だ。

そしてこの金融社会主義は、じつは日本で先行しているというのが博雅の論点だ。

「伝統的に日本では銀行業は公的な性格が強いと認識されてきた。ATMが機器障害で使用不能に陥れば、マスコミが凄まじい勢いでその失態（？）を攻撃し、紙面は利用者の不満の声で埋め尽くされる。

しかし現実には、国際的水準で比較しても邦銀は極めて安定的なATM稼動を実現し、米国の小切手社会よりはるかに安価で確実な（過剰な？）資金決済サービスを提供している。その代償として、採算を度外視した多額の設備投資を余儀なくされる。

邦銀の経営サイドを見ても、市場部門出身者がトップやそれに近いポストに就いた例は極めて少ない。こうした部門は『銀行の本業ではない』『収益の柱とすべきではない』という感覚が支配的なのだ。低収益かつ安定的な社会インフラであることこそが、金融業に求められてきた。まるで足許の世界の動きを先取りしたかのようだ」

この結果、日本では「保守的な銀行vs.危険な周辺金融」という極端な二極分化が進んでしまって、銀行の健全な発展を阻んでしまっている。この文化を変えなければ、経済は発展しない。亀井モラトリアムなど論外もいいところだ。

この記事を引用するかたちで、ブログ『モジックス Zopeジャンキー日記』は「亀井金融相が日本の最高権力者であれば、日本はあっという間にジンバブエになるだろう」と書いた。

ジンバブエは独裁者のロバート・ムガベが白人所有の農場や財産などを強制的に没収して黒人に再配分するという無茶な政策をとったため、農業技術があっという間に失われて食糧危機を招いた。さらにはインフレ対策のために紙幣を刷りまくるという尋常ではない政策に突き進んだ結果、「一〇〇〇億ドル札」などというわけのわからない高額紙幣が発行されるようになり、インフレ率は二億パーセントを突破してしまった。

「亀井金融相はとにかく『弱者救済のために国じゅうにカネをばらまきたい』という信念がまずあって、それを『財務相』でも『経産相』でもない『金融相』という自分の立場を使い、最大限に主張を通そうとした結果がモラトリアム案なのであろう、ということが理解できた」

「亀井金融相は極悪人ではなく、苦しい中小企業への『友愛』の気持ちはわかるのだが、『すべてを自分が采配したい』独裁者タイプであることは間違いない。ジンバブエのムガベだって、黒人の苦しい立場を良くしようという『友愛』の気持ちが強かったわけで、ムガベなりの『正義』を強硬に押し通した結果、国をメチャクチャにしたのである。『地獄への道は善意で敷き詰められている』という言葉は、いくら亀井金融相やムガベのような『善意』があっても、間違ったことを強行すれば『地獄』行きだということを教えている」

商工ローン規制が生む闇金の跋扈

亀井がこのような「善意」に基づいた、しかし怪しい政策を打ち出すいっぽうで、中小企業の経営はひたすら悪化していく。著名ブログ『カトラー：katolerのマーケティング言論』は、「このままでは闇金の跋扈《ばっこ》を招く」と危惧を表明した。

「知り合いのITソフト会社のA社長も昨年から金策に走り回ることが多くなった。資金繰りに苦労することは、昔から聞かされていたことだったので、『相変わらず苦労しているんだなあ』とぐらいにしか考えていなかったのだが、先日、その社長とたまたま顔を合わせる機会があったのだが、見るからにゲッソリとしていて、思わず『大丈夫か』と声をかけてしまった。

Aさんいわく、現在の状況は、昔とは全く違うという。銀行がカネを貸さないのは、昔も今も同じだが、それに加え、銀行以外の金融のパイプがどうしようもなく細っているという」

池田信夫も指摘しているように、いまの日本ではノンバンクの中小企業向け金融がどうしようもなく傷んでしまっているのだ。カトラーに対して、A社長は「リーマンショックもあるが、商工ローンの事業者を潰したのが大きな原因」と語ったという。

商工ローンは年率三〇パーセントを超えるような高い貸出金利を課していて、さらに取り立ても厳しかったことから、大きな社会的批判を浴びた。

この問題に対処するため政府は上限金利を下げ、さらにグレーゾーン金利も撤廃したため、過去の過払いに対して借り手から膨大な数の返還訴訟が起こされるようになった。最終的にはこの過払い金返還が商工ローンにとどめを刺し、SFCG（旧商工ファンド）とロプロ（旧日栄）という大手二社が破綻して消滅してしまったのである。

商工ローンは、どうにもならないぎりぎりの段階に経営が行き詰まりそうになったとき、中小企業経営者にとっては最後の頼みの綱だった。この頼みの綱が消滅したのである。

「これまでは、自分を追い込んでくる商工ローン業者とギリギリのやりとりをしながら、タイトロープを渡ってきたのだが、そのロープがばっさりと切られてしまった状態だとA社長は天を仰いでうめいた」

さらに借り手の年収の三分の一までしか貸せないという総量規制が、二〇一〇年六月までに完全施行される。そうなれば既存の消費者金融も大きな打撃を受け、その先には闇金の跳梁跋扈が待っている——カトラーはそう指摘する。

「闇金業者は、禁酒法時代のアルカポネのような存在である。アルコールを製造しても販売してもいけないというクリスチャン的な理想論に基づいて施行された世紀の悪法『禁酒法』によって、酒がギャングたちの資金源となり、闇の勢力を跋扈させる事態を招いた。酒を求める人々は、地下に潜った売人たちの餌食となり、高額な商品や贋酒も横行し、ギャングたちは濡れ手で粟の大儲けをした。

『東芝クレジット』『日興コーディアルファンド』『三井住友ファイナンス』……

これらはみな、摘発された闇金業者の社名である。要するに、禁酒法時代のギャングのように何をやっても意に介さない連中が、これから金繰りに困窮した中小企業経営者や個人を飲み込んでいくことになる」

モラトリアム法案は中身を少しやわらげるかたちで国会に提出され、一一月に強行採決によって衆院を通過した。これが禁酒法の二の舞にならなければいいのだが——。

「断罪」によって深まる社会的分断

しかし亀井の社会主義的な発言は、その後も止まらない。

一〇月五日には東京都内の講演会で、「日本で家族間の殺人事件が増えているのは、（引用者注：大企業が）日本型経営を捨てて、人間を人間として扱わなくなったからだ」などと発言し、物議を醸した。

さらに翌日の閣議後会見でも、「改革と称する極端な市場原理至上主義が始まって以来、家族の崩壊、家族間の殺し合いが増えてきた。そういう風潮をつくったという意味で、経団連に責任がある」と発言を撤回しなかった。

この発言に『モジックス　Zopeジャンキー日記』は亀井を「極左的だ」と批判し、こう書いた。

「社会を構成する人々を『労働者』と『資本家』に分けて、労働者を『被害者』、資本家を『加害者』と考えるのが、左翼の典型的な見方である。『極左』はその見方をいっそう強めて、『資本家』を『犯罪者』のように見なし、よってそれを『裁く』ことは正義である、とすら考える。まさにテロリスト的な発想だ」

そしてブロガーは、このようなテロリスト的な発想で権力を握ったのがヒトラーだった、と述べた。国内の弱者を思いやる救世主として、ユダヤ人という仮想敵を設定することによって支持を集めた。そうして正当な手続きを経て権力を得た。

ブロガーは言う。

「ナチスの悲劇を繰り返さないためには、権力を過度に集中させないことと、特定のグループを『ワルモノ』と決めつけるような思考様式の危険性に敏感になる必要がある」

戦後の安定社会は姿を消してしまって、いまの日本は分断がいたるところに深い穴を空けている。

そういう社会状況では、いまさらいっぽうの「側」をひたすら断罪すればすむわけではない。断罪は社会の分断を深めるだけで、衆愚的なファシズムを招いてしまう可能性だってあるということだ。

かつての平和な戦後社会では、このような分断は存在しないか、少なくとも表面上は隠されていた。総中流という超安定社会としての基盤があって、大半の人はサラリーマンや専業主婦として社会の中心層にぎっしりと詰まっていた。そういう安定社会では、中心から外れた少数派である障害者や被差別部落民、在日外国人などに光を当てることは、安定社会のひずみを逆照射することになったし、同じように外部の少数派である企業経営者や政治家、金持ちを批判することは、安定社会にとってはまたとない息抜きの娯楽にもなっていたのだった。

だから少数派を批判し、少数派に罪を負わせて「社会がよくない責任はお前たちにある」と断罪しても、なんら社会への影響はなかった。多数派の安定した基盤はびくともしなかったからである。かつての政治家批判や大企業批判は、とてもお気楽な娯楽だったのだ。

ニュースサイト『ダイヤモンド・オンライン』は一〇月一五日、「若手学者が激論する！　経済学・政治学・社会学のコラボレーションで日本を変える」という鼎談《ていだん》を載せた。

この中で一九七五年生まれの駒澤大学経済学部准教授、飯田泰之はこう語っている。

「日本のインテリって暗いじゃないですか。政治に警鐘をならしたり、グローバリゼーションに警鐘をならしたり、経済至上主義に警鐘をならしたり……警鐘をならしてばっか（笑）」

「そういう現代の問題点を知ってる俺たちって偉いぜ、世間の連中とは違うぜみたいな感じで思考がとまってしまっている。なんというか論壇が『かっちょいい絶望の仕方』の見本市会場になっているように感じていました」

「かっちょいい絶望」というのはとても素敵な表現で、評論家だけでなく、これまでのマスコミ言論の特徴を非常にするどく言い当てているように思える。

この発言に社会学者の芹沢一也も、「言論人たちが『かっちょいい絶望』ごっこができたのも、高度成長がつくりあげた豊かな社会があったからですね」と正しく指摘しているのだった。

でも、そうした「かっちょいい絶望」を支えてきた安定社会はもう失われてしまった。芹沢が言うように「言論がここまで失墜しているのも、そうした環境変化を前にまったくチューンナップできていないから」なのだ。

一九八一年生まれの若手評論家、荻上チキはこの鼎談でこう語っている。

「派遣労働を批判するメディアが、労働環境としては、派遣に依存していたりとか。もちろん、平和ボケしたメディアが自覚するのは良いことです。そうしたメディアの多くは、古いレジームで非生産的な議論をしていたと、冷たく言い放つこともやぶさかではありません」

日本で極右が台頭する日

とはいえ、亀井のように仮想敵を具体的に設定し、その敵に向かって攻撃を行うという方法は安易であるがゆえに、じつは多くの人に受け入れられやすい。ナチスドイツだってそうだった。「みんなユダヤのせいだ！」「ユダヤを追い出して幸せになろう！」と甘く叫んで、それが多くのドイツ人に受け入れられたことで政権を奪取できたのだ。

でもかつての日本ではそういう過激な意見は、多数派にはならずにすんだ。

なぜかって？

以前は多くの人が超安定社会の内側にくるまれていたから、過激な意見は「息抜きの気晴らし」として面白がられただけで終わってしまったからだ。ナチスのような大規模な運動に化けることはなかったのだ。

ブログ『Munchener Brucke』は「なぜ日本では欧州のように極右勢力の支持が拡大しないのか」というエントリーで、ヨーロッパで極右が存在感を増している理由について、こう分析している。

「欧州で極右の支持が拡大しているのは、移民の存在が大きい。労働者にとって安い賃金で働く移民は脅威であり、その排斥を訴えることでナショナリズムと生活が符合するからである。労働者階級が、リベラルで移民受け入れに寛容な左派に愛想を尽かし右傾化しているのである。極右政党も、貧困層を明確なオルグのターゲットとし、経済政策では貧困層の受けのいい社民主義的な政策を取り入れている」

でも日本では、幸運（？）なことに極右勢力が「弱者救済」に走っていない。対立軸が日本と欧州ではかなりずれていて、日本では弱者救済を社会主義ととらえてしまって反対している右翼が多いからだ。

対立軸について少し説明してみよう。

従来の日本の五五年体制では、〈伝統的価値＝右翼〉と〈新自由主義＝保守〉が手を結んでいた。ここから三段論法的に言えば、〈右翼＝新自由主義〉という構図になっていたのである。

ところが冷戦終了後、グローバリゼーションの中で〈新自由主義＝保守〉は伝統的価値を捨てて、利益追求に走らざるを得なくなる。そうしなければ海外の経済パワーに勝てなくなったからだ。

そうすると右翼は保守から見捨てられ、〈伝統的価値＝右翼〉と〈新自由主義＝保守〉の幸せな結束は終わってしまう。右翼は伝統的価値だけを訴えていてもいまさら誰も支持してくれないから、資本主義の片棒を担ぐのではなく、別のイデオロギーに依拠せざるを得なくなる。

これはじつは、ヨーロッパではすでに八〇年代から起きていたことだ。ヨーロッパでは極右が社会民主主義的な再配分モデルへと傾斜していって、「金持ちを殺せ！　貧乏人みんなで富を分け合おう」と過激なスローガンを前面に打ち出すことによって、支持を拡大することに成功してきたのだった。

日本では八〇年代にバブル経済という特異な現象が起きて、富がいったんは増えたように錯覚してしまったため、問題は棚上げになってしまった。「もうこれからは富はゼロサムだから、富を分配する方法を考え直さなければ」というのが当時のヨーロッパの議論だったとすれば、「まだまだ右肩上がりで富は増えていく。だから分配システムの再構築なんて不要だよ」とみんなが誤解してしまったのが日本の多幸なバブル期だったのである。

でもこれは、いま考えれば大きな勘違いだった。結局、九〇年代のバブル崩壊後にその反動はやってきて、不況と格差の拡大の中で、いまようやく日本でもヨーロッパから二周遅れぐらいの構造変化が起き始めている。だからこの極右の変化は、そのうち日本でも起きてくるかもしれない。

インターネットは——特に2ちゃんねるでは——いまでも極右的な言辞が多いといわれている。しかしネット右翼の「嫌韓」「嫌中」は、しょせんは気晴らしにすぎない。なぜなら生活とは直結していないからだ。

実際、以前私が取材した自称ネット右翼の男性は、「契約社員を解雇されたため、共産党系の集会に出て相談した」と話していたことがある。

私が「右翼が共産党の集会って矛盾してるのでは？」とただすと、彼は笑いながらこう答えた。

「ネット右翼は趣味。契約社員の仕事は生活。そこは別のレイヤーだから、交わらなくても大丈夫」

日本のネット右翼は、しょせんは趣味的活動の域を出ていなかったのだった。

でも『Munchener Brucke』は、政治がリベラルな方向に思いきり振れることによって、右翼支持が拡大する可能性があると説明している。

「例えば、日本の人口の20％くらいが外国人になれば、極右勢力の支持は大きく拡大し、政治的なインパクトも大きくなるだろう。極右はリベラルな政治状況で支持が拡大し、左派は保守的な政治状況で支持が拡大するのがセオリーだ。自らの支持拡大のためには、真逆な政治体制が構築されることは実は望ましいのだ」

この予測が当たるかどうかは、現時点ではまだわからない。しかしインターネットの世界では、かつてのような「趣味のバーチャル右翼」の域を超えて、アクティビズム（積極的行動主義）へと接続される者が現れてきている。

政権交代で「ネットの力がついに社会へ！」と盛り上がっている裏側では、じつはかなり不気味な動きが起き始めているのだ。その胎動を次章で見よう。

第五章

先鋭化するネット右翼

――外国人参政権への抗議デモ――

あるネトウヨ少年の日記

2ちゃんねるの「極東板」は、「ネット右翼」（ネトウヨ）などと呼ばれる右翼系のユーザーが集まることで知られている。二〇〇九年の選挙期間中も、自民党を応援する書き込みが少なくなかった。その中のスレッドのひとつ「麻生太郎研究」に次のような書き込みが行われたのは、民主圧勝が報じられた直後の八月三一日午前一時すぎのことだった。

「親が帰ってきたので問いただした　民主に入れたって。もうこんな親いやだ　玄関のガラス割ってやった　クソだ　クソ　滅んじまえ」

この書き込みの人物（おそらく一〇代の少年）は、その後も連続投稿している。

「手痛い　歯もグラグラしてる　唇切れた　さっき父親とぶん殴り合いした　裏切り者っていったら訳のわかんないこと言ってきた　思わず蹴ったら殴り返された　もういやだ　爺ちゃんにも裏切られた　坊にもわかるとか舐めたこと言われた　これまでずっと自民だった爺ちゃんなのに　みんなくたばれ　もう誰も信じられない」

「クソ父親を殴ったのは後悔してない　でも爺ちゃんに死ねって言っちゃったのは酷いことしたって思う　言うんじゃなかった　ポスティングにも頑張れって言ってくれたのに　両親と姉は絶対許せないけど　爺ちゃんには謝りたい　どうしようう」

「さっき家出てきた　アドバイスくれたみんなありがとう　爺ちゃんには謝りたいけど　もうあんな家にはいたくない　しばらく一人で何ができるか考えたいとおもう　学校ももういいや　こんなクソな世の中　滅んじまえばいい　でもってさっき警官に職質くらいそうになったw　なんとか逃げてきた　親父の財布がめてきたんで　当分はネットカフェに泊まる　爺ちゃんにはホント謝んなきゃ」

「みんな親に謝れっていうけど　あんな親なんか親じゃない　日の丸パンフ見せたら同意してくれたのに　あれは嘘だったのかよ　あんな売国は親でもなんでもない　もうぐちゃぐちゃ　信じられない全部　歩いてる奴とか車で通る奴らがみんなみんなす（引用者注：民主）に入れたかと思うと　消えちゃえとおもう　ネカフェついたんでもうねる」

匿名で誰でも日記を書き込めるブログサービス「はてな匿名ダイアリー」でこの一連の書き込みを紹介したブロガーは、「ネトウヨ大憤死の巻」というタイトルをつけ、

「…切ないねえ。切ない。なんていうか、純粋真っ直ぐクンの挫折はとても青くて苦くて切ない」

とバカにした。

「泣きながら、腫れた顔で。血の出た手を汚いシャツかなんかで巻きながら、とぼとぼと歩く若者。周囲の全てが信じられず、どうしようもない怒りと、でもどこにも行けない苦しさ

と、大好きなお爺ちゃんを傷つけてしまったという悔恨の念に苛まれながら、警官の目を避けつつもネットカフェを目指してあるく。とぼとぼと、どこまでも。すれ違う全ての人が自分の敵だと思い込み、それらを呪いながらあるく少年」

そして彼は、こう励ましふうにあざけったのだった。

「いろんな側面、たとえば教育的にみて『一部の若年者の政治意識の過剰な高さの問題』とかあるいは社会学的に『最近の若者はなぜ愛国的思想に感化されやすいのか』みたいなとらえ方もできるかもしれないけど、僕にとってはこのカキコミは僕が彼くらいの年齢だったころの、今よりもかなり稚拙だった自分を見ているようで、どうにも客観視することができないわけだったりする。彼がまた家族と笑い合える日が来るといいな」

でもこの匿名ダイアリーの冷笑的なエントリーに対しては、批判が少なくなかった。たとえば「はてなブックマーク」でのコメント。

「この書き込みした人間を晒してえらそうに評論（にもなってねーが）してるおまえが一番痛い奴だよ。パンフに関して批評するだけなら情報としての価値はあろうに。なんにせよ本気の人間をバカにするやつが一番嫌いだね」

「けして笑えんな。なんら行動せずに『日本オワタ／(^o^)／』とか書き込みしてるヤツよりずっと立派」

「ネタとか馬鹿とか言ってる人はなんなの？無力感に打ちひしがれ絶望する若者を馬鹿にして何になるんだ。彼の『日本を救いたかった』という気持ちは本物でしょう。行動の是非はまた別の話」

右翼系の書き込みが多い2ちゃんねるに対して、はてなブックマークはリベラル系のユーザーが多いとされている。「はてなサヨク」なんていう言葉があるぐらいだ。しかしそのはてなブックマークでも、自民党を支持して親とケンカした少年に同情するコメントは少なくなかった。

なぜか。

ウヨクであるのかサヨクであるのかに関係なく、少年が行動に出たというその「決断」に感じ入った者が多かったからだろう。

ゼロ年代のキーワード＝決断主義

いまの時代に「決断」はとても重要なキーワードになっている。

背景には、かつての豊かな社会が終焉を迎え、格差が激しくなっていることがある。ぼんやりと生きていたら、いつ下流に追いやられて困窮してしまうかわからない。そうならないためにはいまの社会のルールをつぶさに分析し、そして不断に決断し、決断に決断を重ねて、サバイブ（生き残り）をはからないといけない。

一九七八年生まれの評論家、宇野常寛はこれを「決断主義」と呼んだ。若い世代でもの凄く話題になった宇野の著書『ゼロ年代の想像力』（早川書房）から。

「小泉構造改革以降の国内社会に『世の中が不透明で間違っているから何もしないで引きこもる』という態度で臨んでいたら、生き残ることはできない。自己責任で格差社会の敗北者を選択したと見なされてしまう。

そしてこの『ゲーム』は現代を生きる私たちにとって不可避の選択であり、『ゲームに参加しない』という選択は存在しない。この資本主義経済と法システムによって組み上げられた世界を生きる限り、私たちは生まれ落ちたその瞬間からゲームの渦中にある」

現実から逃避し、アニメやネットの世界に引きこもっていればよかった一九九〇年代と比べると、二〇〇〇年代は冷酷だ。人々はつねに決断し、生き残りを賭けて戦わなければならない。

そういう決断の時代に、匿名ダイアリーに嘲笑された右翼少年の行動力はたんなるバカげたドン・キホーテ的行動としてではなくて、決断主義のひとつの典型としての意味を帯びてくる。

ふたたび、はてなブックマークのコメントから。

「ここまで政治に熱くなれることは馬鹿にするもんじゃない。政治思想は押し付けるもんじゃなくて共感させるもんだけど」

「40年前なら、まったく同じように『なんで社会党に入れてくれないんだ!』『どうして自民党なんかに入れたんだ!』『米帝の手先になることがどうして分からないんだ!』とゲバ棒振り回して」

そして少年の行動を、古い時代のテロリズムと重ね合わせた者も少なくなかった。

「これと同じ数千人が陥って、その中から山口二矢のような人が現るのではと懸念している」

「自分探し右翼の成れの果て　大江健三郎の『セヴンティーン』『政治少年死す』あたりをお勧めしたい。ってか、国粋主義に走る若者なんて昔っからいるよな。山口二矢どころか安重根もプリンチップも」

「リアルで活動した時点でネトウヨじゃないよね、もう本物の右翼だ。実際に会った人に影響受けてないからとか政治団体に所属してないからとかで差別すんなよ!!」

山口二矢《おとや》は一九六〇年、社会党委員長だった浅沼稲次郎を刺殺した一七歳。安重根は三〇歳で初代韓国統監の伊藤博文を暗殺したテロリスト。そしてプリンチップは第一次世界大戦の引き金となったサラエボ事件で、オーストリアの皇太子夫妻を暗殺したセルビア人学生だ。一九歳だった。

プロパガンダの場と化した2ちゃんねる

このような決断主義は、2ちゃんねるの一部を覆い始めているようにも見える。

コラムニストの小田嶋隆は、日経ビジネスオンラインの連載『小田嶋隆のア・ピース・オブ・警句』で二〇〇九年の総選挙の直前、2ちゃんねるが「政治的なプロパガンダの場に変貌していた」と指摘した。

「こんな短期間のうちに、これほど露骨な変化が起こったのは、おそらく2ちゃんねるの歴史の中でははじめてのことだと思う」

小田嶋はそう書いた。たとえば投票一週間前の「ニュース速報＋」板では、自民党支持と民主党支持がそれぞれ互いの候補者や政策を攻撃するスレッドが乱立し、ついにはサーバがダウンしてしまった。

また八月八日に鹿児島県内で民主党が集会を開いた際、日の丸を切り刻んで上下につないで民主党党旗を作製したとされる事件では、スレッドが九三個も立った。途中から通常の書き込みはほとんどなくなり、ただひたすらスレッドの数を増やしていくためのコピーアンドペーストのような書き込みばかりになっていったという。

これが世の中で大騒ぎされている事件であれば、世相の反映といってもよいかもしれない。しかしマスメディアではこのニュースは最初の報道以降はほとんど続報が流されなかったし、ブログ論壇でもあまり注目を集めなかった。ただひたすら、2ちゃんねる上だけで盛り上がりが増幅していったのである。

小田嶋は書く。

「2ちゃんねるの世論は、不思議なことに、総アクセス数が増えるにつれて、一般と遊離してきている。

私が個人的に抱いている感じでは、ずっと昔、2ちゃんねるがまだオタクの巣窟と呼ばれ、引きこもりやニートのメディアと見なされていた時代の方が、むしろプレーンなカタチで世論を反映していた気がするほどだ」

「ここ数年、2ちゃんねるはおかしい。

出入りする人間の数が増えて、客層もずっと幅広くなったはずなのに、話題は、むしろ偏ってきている。

簡単に言えば、2ちゃんねるは、ある時期から、プロパガンダの場所になったということだ」

彼は「ネット言論は、なんだか非常にやっかいな化け物に成長しつつある」と書いた。影響力が変な方向へと拡大していくのはやばいよ、という危機感だ。

先ほどの右翼少年のように、2ちゃんねるやニコニコ動画では自民党支持を表明する声が多い。これは新聞の世論調査とはまったく逆だった。総選挙前の七月末、ニコニコ動画がユーザーを対象に行った支持政党調査では、民主党がわずか一五・七パーセントだったのに対し、自民党が三一パーセントに達してトップだった。

でも選挙結果は、ご存じのとおり自民惨敗。2ちゃんねるやニコニコ動画のユーザーの期待どおりにはならなかったのだ。

いっぽうで選挙後の九月一三日に発表された、読売新聞が早稲田大学と共同で行った全国世論調査では、「民主党に期待している」という回答は七二パーセントもあった。これは世論をほぼダイレクトに映し出していたといっていいだろう。

その直前、一〇日にニコニコ動画上で夕刊フジが行った調査では、「民主党新政権に期待」と答えた人は二九パーセントしかいなかった。

まるきり逆のリアル世論とニコニコ動画世論。この乖離《かいり》はいったい何だったのだろう。明確な答えはない。

政治的に先鋭的なユーザーが、以前と比べて2ちゃんねる界隈で増えている可能性もある。でもその数は、そんなに多くないかもしれない。ネットはリアル世間よりもさらに「声の大きい者が勝つ」世界で、少人数でもでかい声で叫び続けていると、なんとなく多数派に見えてきてしまう。

小田嶋は「麻生さんは、ここのところを読み違えたのかもしれない」と指摘した。

「確かにアキバでの街頭演説や、ネット上の調査結果を見ていると、新聞の世論調査の方がむしろバイアスのかかったインチキに見えてきたりするわけだから。（中略）

ネット右翼が大量発生しているのか、少数のネット右翼が、大量書き込みをしているのか、本当のところはわからない。結局、ネットというのはそういう場所なのだ。

リアルな世界では、一人の人間の叫びは、一人分の声にしかならない。

が、インターネットの世界では、一人の男が10万回クリックすることで、10万人分の怒号を演出することができる。

と、10万の怒号がスクロールする画面を見た情報弱者はこう思う。

『おい、大変なことが起こっているぞ』と。

違うのだよ麻生さん。ネトウヨは数が多いのではない。クリックの頻度が高いだけだ。つまりただのパラノイアだ。

匿名のパラノイア。そんな支持を真に受けたのがたぶんあなたの失敗だった。自業自得。

自らの『力』を自覚し、それを意図的に使おうという匿名のパラノイアが生まれたことで、2ちゃんねるの歴史は最終段階に来ている。

匿名掲示板は、サロンであった時代を終えた。無論、世論の鏡として機能していた段階も離れた。で、どうやら一種のアジビラかステ看板みたいなものに変貌しつつある。この動きは、たぶんもう元には戻らない」

ネットに投稿された「在特会デモ」の暴行映像

これがネットというバーチャルな空間でのたんなる「匿名のパラノイア」であるのなら、まだ問題は少ない。しかし先の右翼少年のケースではてなブックマークユーザーたちが危惧したように、一部の先鋭的な者は実際行動に打って出ようとしている。

「在日特権を許さない市民の会」という右翼系団体がある。二〇〇七年から活動をスタートさせ、頻繁に街頭デモを行っている。ネットでは「在特会」という略称で有名だ。公式サイトで次のように趣旨が説明されている。

「在日特権を許さないこと…極めて単純ですが、これが会の設立目的です。

では在日特権とは何か？　と問われれば、何より『特別永住資格』が挙げられます。これは1991年に施行された『入管特例法』を根拠に、旧日本国民であった韓国人や朝鮮人などを対象に与えられた特権です。在日特権の根幹である入管特例法を廃止し、在日をほかの外国人と平等に扱うことを目指すことが在特会の究極的な目標です。しかしながら、過去の誤った歴史認識に基づき『日帝の被害者』『かわいそうな在日』という妄想がいまだに払拭されていない日本社会では、在日韓国人・朝鮮人を特別に扱う社会的暗黙の了解が存在しているのも事実です」

この在特会が政権交代後の九月二七日、東京・秋葉原で外国人参政権に反対するデモを行った。警察発表では参加者七五〇人だったという。

民主党は政策集「ＩＮＤＥＸ２００９」に、日本に在住している外国人に地方参政権を与えることを盛り込んでいた。これが右翼勢力の神経を逆撫でして、強硬な反対運動が盛り上がったのだった。

外国人の参政権を認める法案は、二〇一〇年三月には国会に上程される見通しが出てきている。この法案に積極的な小沢一郎幹事長は〇九年一二月に韓国を訪問し、「日本政府の姿勢を示す意味でも、政府提案として法案を出すべきだ。鳩山由紀夫首相も同じように考えていると思う。来年の通常国会でそれが現実になるのではないか」などと述べている。だが党内には反対も根強く、また連立与党を組んでいる国民新党も同意していない。

ＩＮＤＥＸ２００９には記載されたが、衆院選マニフェストに盛り込まれなかったのは反対議員が多数存在しているからだ。

右翼はこの一連の民主党の動きに激しく反応した。在特会のデモはそのひとつ。しかしこのデモは在特会の思想や訴えそのものによってではなく、別の意味でネットで大きく注目された。

あり得ないような暴行事件を引き起こしたからだ。

しかもその暴行の真っ最中の映像が、デモ参加者によって撮影され、こんなタイトルをつけられて動画共有サイト「ユーチューブ」に投稿されたのだ！

「【左翼ボコボコ】９・27外国人参政権断固反対！東京デモ」

「在特会・東京デモを侮辱する反日シナ人が即撃沈される！」

映像には、Ｔシャツを着てリュックサックを背負ったスポーツ刈りの青年が、プラカードを持った参加者たち十数人に歩道脇のビルの壁に押しつけられ、繰り返し殴られる様子が克明に写されている。デモの参加者たちは一見して、二〇代から三〇代。被害者の若者と同世代に見える。同じような服装、同じようなリュックサック。双方ともアキバ系のファッションで、見た目の違いはほとんどない。

間もなく制服警官が割って入り、若者とデモ隊を引き離す。怒号が飛び交う。おびえたように見上げる若者の様子が痛々しい。警官数人に保護されて移動する若者の後ろ姿に、デモ隊は拍手する。「シナ人、帰れ」。

ユーチューブの映像に字幕が流れる。

「全国のみなさん、拍手！」

さらに警官と若者に、まだ数人が追いすがる。そして拡声器で怒鳴り続ける。

「民族浄化の死の共産党のシナ人」「民族自決やぞ」「日本で何をやっとる、シナ人！」

「言論の自由のない国の人間が何を偉そうに言っとる！」

恐ろしい映像だった。これが本当に日本なのだろうか。

事件をめぐるネット論壇の激論

この驚愕する映像に、ネット論壇は強く反応した。

はてなブックマークのコメントはこんな感じだ。

「毎度自らの反社会性を一生懸命に発信する在特会。同じ日本人としてとてつもなく恥ずかしい」

「ネトウヨごときに人を殴る覇気があることにびっくり。群集心理か。強者幻想というか勝者幻想というか、もう絶対いじめられる立場にいたくないとか、そういう余裕の無さがネトウヨにみなぎってる」

「右翼にしろ左翼にしろ、思想に染まっちゃうやつってどうして一般人が引くようなことを共感を得られると信じて言ったりやったりするのかね？カルト宗教とどこが違うの？バカなの？死ぬの？」

しかし中には、暴行を受けた青年の英雄主義を批判する声もあった。

「自分から挑発しにいってるところがあるからな……。最悪なのは在特会だけど、被害者にも同情できないんだよ……」

「韓国人少年を挑発して暴力を振るわれて英雄扱いされてる在特会の約一名と何が違うの？在特会が最悪なのは当然としても、なんだかね」

このコメントにある「韓国人少年を挑発」というのは、半年前の二〇〇九年四月に名古屋で起きた事件のことだ。右翼系政党の維新政党・新風が、北朝鮮のミサイル発射に抗議する街宣を行っていた。街宣後に韓国人とみられる青年が話しかけてきて、これに対して新風のメンバーが「大っ嫌いなんだよ。日本から締め出してやるぞ朝鮮人」と言い返したところ、青年は激高。「おのれ！　韓国人をなめとったら殺すぞ」と馬乗りになって殴りつけるという暴力沙汰に発展したのである。

この件が在特会と関係があったのかどうかはわからないが、しかしこの様子もビデオで撮影されてユーチューブに流され、多くの人の目に触れる結果となった。そして右翼系のネット圏域からは、この殴られた人物が英雄視されるような雰囲気になったのだった。

ウヨク、サヨクがそれぞれ相手を挑発し、挑発は暴力沙汰を誘発する。誘発した側は、被害者として「英雄」の地位を得る――そういう無残なスパイラルが生まれれば、暴力はどんどんエスカレートしていってしまうかもしれない。そういう可能性を考えたら、在特会に殴られた青年に対して同情しすぎることはかえって危険なんじゃないか。そのような漠然とした不安感も、ネット圏域には広がった。

こうした危機感を口にしたこれらのコメントに、ブログ『地を這う難破船』は、「絶句した」と強く反論した。

「在特会の人々は『敵』の身元を特定しようとする。相手の身に付けている物を奪おうとする。『敵』を散々撮影しながら、自分たちがカメラを向けられると激昂する。そして大勢で一斉に襲い掛かる。すべて、『善良な市民』という匿名性のもとに、多数派と称して、集団で少数派を威嚇するために行われている。多数派に顔はなく、『善良な市民』という匿名性に顔はない。だから彼らは、少数派を威嚇するとき、自らの顔を隠そうとする。インターネットではよくある話でした。そして、これは現実の往来での話。既に閾値《いきち》は越えている」

ネットというバーチャルな空間から一歩出て、ウヨクが街頭に出た瞬間に、それはたんなるネット右翼ではなく、アクティビズム（積極的行動主義）の実践者となる。行動する右翼だ。

その瞬間、なかば遊びととらえることも可能だったウヨク対サヨクの対決は、肉体のぶつかり合いをもともなう本当の暴力となってしまうのだ。

「現実の暴力は、概ねリンチという擬制において執行される。顔がない多数派において、『善良な市民』という匿名性において、自らの顔を隠して少数派を威嚇することが、現実の暴力の様相であるということ。これまでインターネットがそうであったように、今後は往来でそうなるでしょう。リンチ上等を隠さない連中がある限り」

これは二〇一〇年代の近未来日本における、激しいアクティビズムの台頭を予言しているのだろうか？

「物理的暴力」と「構造的暴力」

驚くべきことに、在特会に暴行を受けた青年はインターネットの中では有名な人物だった。中国人ではなく、日本人だったのである。常野雄次郎。toled というペンネームで、『登校拒否への道』という著名なブログを書いている。一九七七年生まれ。小学校のときに不登校になり、一年ほどの引きこもりを経てフリースクールの東京シューレに通うようになった。イギリスの大学を卒業後、フリーターをしながら言論活動を行っている。『不登校、選んだわけじゃないんだぜ!』（理論社）という共著も出している。

彼は在特会の秋葉原デモで、

「排外主義　反対です」

と書いた手書きの紙を両手に持ち、デモ隊に向かって歩道に立っていたのだった。これが参加者たちの神経を逆撫でし、暴行事件へとつながってしまったのである。

事件の二日後、常野は在特会のユーチューブ映像を紹介しながら、ブログに書いた。

「問題はここに物理的暴力がうつっていることではありません。フランス国王の支配を覆したのも、大日本帝国を倒したのも、暴力です。暴力はそれ自体が直ちに悪いわけではありません。

しかしここにはまごうかたなき悪があります。日の丸です。日の丸の暴力は、悪い。そして街を歩いてみれば、いたるところにこの悪の旗を見つけることができます。役所に、学校に、競技場に。その旗と旗をつなぐようにして外国人差別のシステムは日本国家を構成しています。それが、すでに暴力です。なにもおこっていないかのような日常が、常に暴力です。そして在特会はこのシステムを構成する一要素です。けっして例外的なゴロツキではありません。

在特会を例外的な絶対悪として切り捨てたり、彼らの未熟さを嘲笑うことは、日本というもの自体の暴力や、『一般の』日本人の責任を曖昧にしてしまうでしょう」

この常野のエントリーに対して、ブログ『重い…手放さなければ…』は「toled は暴力行為にさらされた被害者ということになる。しかし本当にそれだけなのだろうか」と疑義をはさんだ。

「かれはもちろん挑発などしていない。排外主義に反対する主張をかかげるのは当然の言動であり、それは決して挑発などではない。しかし、このような事態になることは、かれにとって本当に予想外の事態なのであろうか。かれほどの知者であれば充分に予測していたはずだ。にもかかわらず、あえて暴力の矛先を避けなかったのはなぜなのか。こうなることを望んでいたからではないか」

そしてブロガーは、常野が在特会の暴力の一端を担った共同作業だったのではないかと指摘した。この暴行事件が、在特会の暴力性を多くの人に見せつける結果になったのもたしかに事実だ。

「これが意図せざる結果であろうか。もとよりそれこそを目的と意図していたのである。実にあざといやり方だ。あらかじめかれの描いたシナリオに在特会はわれ知らず動員されている。toledがシナリオを書き、在特会がそれを演ずることで、この茶番はみごとに完成しているのである」

だがこの指摘にブログ『キリンが逆立ちしたピアス』は強く反論する。

「toledさんがしたことは、1枚のビラを持って街頭に立っただけです。『排外主義　反対です』の文字列だけで、殉教者になってしまう、という事態はどう考えてもおかしいでしょう」

もし常野に「暴力が振るわれる覚悟があった」という英雄意識があったとするのなら、それこそが「われわれはいま暴力によって黙らされている」という状況のただ中にあることを示している――ブロガーはそう解き明かしたのだ。

「黙ることは暴力の容認ですが、黙らなければ暴力の被害にあう。だからこそ暴力は恐ろしいのです。暴力による支配とは、殴って言うことを聞かせるだけではなく、直接の排外主義の対象に周囲の人々が『自分も殴られないために黙る』ことで維持されます。『覚悟をしたから暴力を振るわれた』のではなく、『暴力があるから覚悟が必要になる』のです。そして『暴力の矛先をよけなかった』のではなく、『そこには暴力しかない』のです」

暴力を受けることを前提とした英雄主義が存在するというのは、つまりはわれわれの社会がそこまで暴力に侵されていることをあらわにしているのではないか——ブロガーはそう批判したのだった。

若手のネット論客として知られる有村悠も、ブログ『ビジネスから100000光年』で同じ論理を打ち出した。

「たかだか排外主義に反対するだけの簡単なお仕事が『殉教者』呼ばわりされたり『覚悟』が必要とされたりする現状が十分に異常事態なんだね。ましてや英雄なんてさ。hokusyuが何度か『例外状態の常態化』という言葉を使っていたけれども、これに当てはめるのは濫用かしら?

排外主義に反対したらボコられた。それは事実だ。しかしながら、それに煽られて彼を過剰に英雄化するのは、排外主義に反対するのは英雄的な——常人には成し得ない——行為である、という認識を強化することになる。結果、常人は萎縮する。それでは意味がない。人並みに臆病な常人が、それこそ刺身の上にタンポポを載せるような手つきで排外主義に反対することが当たり前なのだからさ本来。なんで当たり前か?　なんかあって排されたりしたくないもんな、そりゃ」

　常野は前出のエントリーで、みずからがけがを負いながらも「暴力はそれ自体が直ちに悪いわけではありません」と書き、外国人差別のシステムがすでに暴力である、と訴えた。

　しかしブログ『春巻たべた』は、「僕が構造的暴力と戦って、それでいつの日か直接的暴力が無くなるでしょうか？　もちろんNOです」とそれに答えた。

「僕が構造的暴力と戦ったら、クズが暴力を振るわなくなるでしょうか。断じて否です。mojimojiは言います。『この暴力はわたしたちの暴力です』。ふざけてもらっては困る。差別問題にコミットしないことと、toledを殴ることが、同じ暴力であるわけがない。僕が差別と戦っても、暴力はなくなりません。差別は暴力ではないし暴力は差別ではないからです」

アクティビズムへ踏み出したネット言論

　ここまで紹介してきたことで浮かび上がってきているのは、「暴力」をめぐってネットの論壇は激しく揺れ動いているということだ。抽象的な概念としてとらえるのか、それとも即物的なリアルな行動としてとらえるのか。

ブロガーたちは在特会の圧倒的な暴力を前にして、何度もそれを抽象概念としてとらえようとし、しかしそれはまた別のブロガーから「即物的な暴力にはそうした抽象概念では対抗できない」と反論される。ここまで見てきた議論は、そうした永遠の反復なのだ。

しかし残念ながら、それに答えはない。

物理的な暴力は、どこまで行っても物理的な痛みをともなうのだ。それは「暴力装置」という概念とは根本的に異なっている。

そういう方向性でとらえれば、いまや2ちゃんねるがアクティビズムへと踏み込みつつあることは、何がしかの物理的な新たな展開を予想すべきなのかもしれない。

2ちゃんねるで行動主義が生まれてきたのは、毎日新聞がきっかけだ。

二〇〇八年春、「毎日新聞WaiWai事件」というできごとがあった。これは第三章でも述べたが、毎日新聞社が英字媒体、毎日デイリーニューズ上に掲載されていたコラム『WaiWai』で、長年にわたって日本人女性を悔蔑する低俗な記事を配信し続けていたという話である。

この事件は、2ちゃんねるで広範囲な抗議行動を引き起こし、この匿名掲示板に集まる人々のアクティビズムを一気に加速させる引き金となった。

「電凸」と呼ばれる抗議行動が盛り上がり、毎日新聞のスポンサーに対して電話やメールなどによる苦情、問い合わせなどがさかんに行われた。抗議電話の対象は二〇〇社以上に上り、かなり大規模な抗議行動だった。

また2ちゃんねる上では、有志によって立派にデザインされたチラシも製作された。

「─歪められた日本人女性像─あなたは毎日新聞を許せますか?」

「『毎日デイリーニューズ』は世界中で月間延べ260万人に読まれている、日本最大のインターネット版英字新聞です。日本の大手新聞社から発信される情報源として海外でも信頼の高いサイトであり、日本人女性の性意識等について海外の読者に与えた誤解は計り知れません」

このようなコピーが書かれたチラシが印刷しやすいpdf形式でネット上で配布され、あちこちでまかれたのである。

チェーンメールさえ登場した。

「この事実を多くの人に伝えてみませんか? この動きは今、日本中に広がっています。私達の小さな力で。この『報道されない問題』を、世界中に伝えましょう」

さらに街頭デモも計画され、東京・竹橋の毎日新聞社前で街宣が行われた。

そしてこのデモを組織したのが、他でもない秋葉原暴行事件の在特会だったのである。

2ちゃんねるの先鋭層は、一部でこのような右翼団体と接続されているのだ。

かつてインターネット言論はどこまで行ってもバーチャルだった。しかしいまやネット言論はアクティビズムへと踏み出し、そして物理的な暴力までをもどうとらえていくのかという新たなフェーズへと入り込みつつある。

常野が殴られた秋葉原暴行事件で、暴行を加えた側のデモ参加者がはてな匿名ダイアリーに匿名のエントリーを投稿している。

なぜか旧仮名遣いの彼（あるいは彼女）はエントリーの中で、プラカードを持った男をみずから殴ったと記し、「この殊勲は永遠に私の記憶の中に留めておく。YouTubeでも、一部杖で叩く私が杖のみで放映された。他の人もその男を殴つてゐたが、私のダメージはかなり効果大と思はれる」と誇った。

そしてこう書いた。

「もはやこちらとしては徹底的に戦闘的になるのが最善である。

いまだに味方の中にも事なかれ主義的な連中が存在するが、気持ちは非常にわかる。だが、今はもはや戦闘的が最善であり、徹底的に抗議すること、手段を選ぶやうな時期ではないこと、今から一般人を取り込んでも時間がないことを考へねばならない。

この、行動する保守運動で感じたこと、それは私が前々から感じてたことが確信へと変はつた時でもあつた」

「議事堂内の乱入も含む実力行使が必要であるといふことだ。仮に国会議事堂内に乱入すれば、マスゴミは嫌でも報道する。所詮悪意でしか報道しないのだから、思ひつきり暴れるべきだ。一般人へのイメージではなく、それだけ怒つてゐる人間がゐるといふことを見せつけなければならない。所詮一般人は事なかれ主義ですぐマスゴミに流される。マスゴミも所詮スルーもしくは悪意のある報道しかしない」

「平成の関ヶ原のときは近いのである」

第六章

電子民主主義の未来

東浩紀の問題提起

政権交代から一ヵ月半経った一〇月二四日。この日の夜、田原総一朗の司会で有名な討論番組『朝まで生テレビ!』は「若者に未来はあるか?」というテーマを取り上げた。『若者はなぜ3年で辞めるのか?』(光文社新書)などのベストセラーで有名な城繁幸や、朝日新聞の論壇誌『論座』に掲載された『「丸山眞男」をひっぱたきたい』で一躍注目を集めた赤木智弘、若者の貧困問題に取り組んでいる雨宮処凛など三〇代の論客を招き、小沢遼子や猪瀬直樹、森永卓郎などの上の世代のコメンテーターたちと議論を戦わせようという趣向だ。

しかしこの討論の中で、圧倒的な存在感を見せつけたのは批評家の東浩紀だった。三八歳の彼は、「若者に未来があるかなんて議論したって意味ないじゃない」と議論に冷水を浴びせかけ、

「高齢者がどんどん増えていく日本という国がこのままダメになるのは自明で、今後は高齢者が得するような国を作るしかないのだから、若者が差別されているとか損しているといった『若者論』をやっても意味がない。むしろ高齢者が増えていく中で、それをうまく回していく社会をどう作るのかという話をするべきだ」

この発言に田原が「どうすればいいのかを言わないと意味がないよ。あなたはじゃあどうすればいいと思ってるの?」と問い返すと、東は機関銃のように語った。

「今回、政権交代が起きて、『官から民へ』とか、『国民が政治をコントロールできるようになった』と言っているけれど、僕は、ネットワークや情報技術の革命は凄く本質的だと思う。これまで政治家の仕事はいろんな人たちをつなぐことだったが、つなぐだけだったらインターネットでもできる。そうなると、これからの社会はもしかしたら、こんなに政治家っていらないのかもしれない」

「国民が政策にじかに介入できるようにちゃんとシステムを作って、政策審議過程を全部透明化し、パブリックコメントのシステムをもっと洗練された形にすることによって、全然違う政策の作り方ができるかもしれない。たとえば基礎自治体のいくつかなんて、SNSで運営すればいいと思う。ミクシィとかで」

「ルソー(引用者注:ジャン=ジャック・ルソー。18世紀の思想家)のころのジュネーブの人口は二万四〇〇〇人だったが、これぐらいだと直接民主制ができる。しかも僕たちにはいま、SNSやツイッターというのがあって、たとえば勝間さんやホリエモンは、ツイッターでフォロワーが一五万人もいる。ひとりのサービスを一五万人がフォローしていて、しかも勝間さんや堀江さんはそれに返している。そういうことができるインターネットというテクノロジーは、一〇万人とか五万人という規模だったら、直接民主制を可能にするんですよ」

「東発言」が呼んだ波紋

『朝まで生テレビ!』での東の発言は、ネット論壇でも大きな注目を集めた。駒澤大学グローバル・メディア・スタディーズ学部准教授の山口浩は、人気ブログ『H-Yamaguchi.net』に「面白い」と書いた。

「当日の番組を見て(正確には聞いて)いたのだが、東氏の発言で議論は一気にその様相を変えた。けっこう救いのない『若者論』(「若い衆」の出演者がこれまた頼りなくて年寄り連中に励まされちゃってたし)で議論が朽ち果てそうになっていたところへこの『異物』をどかんと放り込んだものだから、その場はまさに蜂の巣をつついたような大騒ぎ。『ちゃぶ台返し』としてはなかなか痛快だった。ネットでの反響の大きさは、同じように思った人が少なくないことのあらわれでもあろう」

とはいえ、ネットでは批判も少なくなかった。山口もこのエントリーで書いているが、次のような反論が噴出したのだった。

「衆愚に陥る」「議論が紛糾して結論が出ない」「そんなことをしたら〇〇の連中が跋扈す

る」「ITが使いこなせない高齢者や障害者はどうするのだ」「地方の実情を理解していない」「直接民主制が機能するのは特殊な条件下でのみじゃないか」

山口は「『バカと暇人』に占拠されるネットを日常的に経験していれば、ネットの可能性やら集合知のすばらしさやらは、少なくとも統治システムの代替案としては『画に描いた餅』としか映らないだろう」と身も蓋もなく指摘している。

しかしいっぽうで彼は、「ピアノのふた」という話も紹介している。

——乗っていた船が沈没し、荒れ狂う海に投げ出されたとき、船にあったグランドピアノのふたが近くに流れてくれれば、それにつかまって助かるかもしれない。その人にとって、ピアノのふたは最善の救命具となったわけだが、だからといって、救命具はすべてピアノのふたの形をしているべきだということにはならない。ピアノのふたはたまたまそこにあったから救命具の役割を果たせただけだからだ。世の中には、このような「ピアノのふた」的なものがたくさんあって、本当はもっと改良することができるのに、放置されたままになっている。

「政治のシステムにも、こうした『ピアノのふた』があるとすれば、それをより優れたものに置き換える余地は当然あるだろう。こうしたことが起きる原因の1つが、技術的制約だ。基本的に制度やルールはそれが作られたときの技術水準によって制約されている。技術が進歩して新たな手段が選択可能になるなら、つまりもっと優れた『救命具』が流れてきたら、そちらに乗り移った方がいいかもしれない。意思をよりよく伝え、集約する技術がコンピュータやネットによって可能となるなら、たとえば書物が手書きから印刷に代わったように、訪問する代わりに手紙や電話、電子メールを送るようになったように、政治システムが紙と鉛筆やら多数の専門家やらから次の段階に移行していってもいいのではないか」

またブログ『酔うぞの遠めがね』も、インターネットユーザーが「日本ネット党」のようなものを作り、知名度の高いブロガーを擁して参院選に打って出れば、数十人ぐらいは国会に送り込めるのではないかと推測し、こう書いた。

「ではなぜ今まで、そういう行動にならなかったのか?が東さんの意見ではっきりした、と思いました。

制度が追いついていないし、人の想像力が追いついていない。

そのものだったのでしょうね。ネットワーカーとしては『選挙という仕組みとネットワークの相性は悪いから』でしょう。

ヨーロッパでは海賊党が急速に勢力を広げています。

批判も多くなってきているようですが『政治に出ていったぞ』ということ自体が新時代の直接民主制にかなり近い動きであったと言えるでしょう。

このような事を、整理して考えると『ネットワーク利用の直接民主制』というのは大いにありでしょう。

直接民主制の対象は本質的には地方自治体の行政をコントロールする議会の機能に一番代替が利くでしょうから、その気になれば政令都市レベルにはちょうど良いかもしれませんね」

またスペイン・バルセロナ在住のブロガーは『地中海ブログ』で、スペインでは二〇〇四年の総選挙のときに、若者たちが引き起こした携帯電話のメッセージの連鎖によって事前の与党圧勝の流れをひっくり返した話を紹介した。

「当時、世論調査において圧倒的優位を誇っていたのは民衆党（引用者注：国民党とも言う）のアスナールでした。各種新聞は民衆党の圧倒的勝利を確信していました。そこへテロ勃発。

何故テロが起こったのか？当時のアスナール政権はイラク派兵を支持していました。その見返りでした。そうなると具合が悪いのがアスナール政権。結局、彼等は選挙への影響を考慮してこのテロがアルカイダではなく、ＥＴＡ（引用者注：バスク祖国と自由）によるものだと発表。選挙前にＥＴＡの残虐性を謳った映像をテレビで流すなど情報操作のやりたい放題。それに怒ったのが普段は選挙になど行かない若者層。

彼等は携帯電話のＳＭＳ（引用者注：ショートメッセージサービス）を使い全国の若者に呼びかけ、イラク派兵反対を掲げてきた社会労働党に投票するように呼びかけたんですね。

結果、投票率77%、PSOE(引用者注:スペイン社会労働党)が164議席、国民党148議席でPSOEが8年ぶりに第一党となりました」

「民主主義2.0」

東の発言に戻ろう。彼は『朝まで生テレビ!』でのやりとりを補足するように、ツイッター上でもネットの民主主義についての「つぶやき」を大量に投げ込んだ。

「ぼくの考える民主主義2.0は、みんな空気を読まずに好き勝手につぶやき続け、テクノロジーがそれをフィルタリングする世界なのだ」

政治学の世界では、ラディカルデモクラシーの流れの中で一九八〇年代ごろから「討議民主主義」という概念が主流になっている。多数決による決定ではなく、そこにいたる徹底した議論というプロセスを重視し、その討議こそが民主主義の本質であるというとらえ方だ。

とはいえ、そうした討議に参加できるのは、教育と知識・教養が一定レベル以上あって、正当な認識力や判断力を持っている自立的な「市民」たちという担保がつく。自立性のない人たちが参加すれば、衆愚に陥ってしまいかねないからだ。

　しかし日本にそのような市民層がどれだけいるのか。多くの日本人は民主主義に対してそのような欧米的な覚悟はない。東は『朝まで生テレビ！』のしばらくあとに開かれた『ウェブ学会シンポジウム』で、こう発言している。

「ヨーロッパは民主主義の伝統があり、アメリカは『民主主義作らなきゃ、参加しなきゃ』というハイテンションな自己啓発国家だ。ウェブでアメリカやグーグルが強いのは、アメリカ的民主主義を情報社会に読み替え、常に理念に基づいて動いているからで、伝統もテンションもない日本では、道具立てや原理から社会モデルから考える必要があるだろう」

　そういう方向性で考えれば、積極的明示的な討議ではなく、暗黙的な参加によって成り立つ日本独自の民主主義というのは、たしかにあり得るかもしれない。

　東はツイッターで討議民主主義の可能性を否定し、こう書いている。

「ぼくの考えるネット直接民主制は『市民ひとりひとりが自覚的に参加する政治』の対極にあるのだが、その意味を人々に理解してもらうのはあと数年かかるだろう。しばらくは誤解も引き受けるつもりだ」

　東は、「この新しい政治においては政治家という人が軸になるのではなく、政策やアイデアが軸となり、それらがネットの空間の中で自動的に調整されるようなシステムになる」と言う。

「ぼくが考えているのは、『政策』『アイデア』だけが情報空間のなかで進化的に調整される世界であって、『ひと』が単位になって合意形成する世界ではないのです」

「むろんその世界にも政治家はいるだろうが、その役割はきわめて限定される。――そして実際、そのほうがいいのではないか。一方で選挙区の運動会の来賓を務め、他方で専門家が作った予算をチェックするなどということが、ひとりの人間に可能なわけがない。いまの世界は政治家に無理を要求しすぎ」

「どういうことかというと、たとえばウィキペディアを考えてみよう。みなでひとつの項目を作る。いろいろな試行錯誤が繰り返され内容は淘汰される。しかしそのとき重要なのは、淘汰され選択されるのは『執筆内容』であって『執筆者』ではない。テクストであってひとではない」

そして彼は、この「合意形成」をルソーの「一般意志」に沿って描いている。

「重要なのは、ルソーが『一般意志』を『全体意志』から区別するときの特徴とした、『ひとびとの意志が加減され均《なら》される』状況をどう作るかです。ちなみに、『全体意志』は、ルソーの用語では『個別意志の集積』を意味する言葉です。それは一般意志とは違う、というのが『社会契約論』の要」

ルソーの「一般意志」とは

ルソーの一般意志は、共同体が持っているひとつの「共通の自我」のようなものとして『社会契約論』では説明されている。この一般意志は、共同体全体の利益だけを目的としている。

これに対して、ひとりひとりが自分の利益を求める意志を「個別意志」とルソーは呼んでいる。そして個別意志の利害が一致して決められた評決は、一般意志ではない。これを「全体意志」という。

みんなの個別意志を集計したり、あるいは意見が一致しただけでは、それはたんなる全体意志にすぎない。そうではなくひとりひとりの個別意志が対立し、その「差」を合わせたところに一般意志は立ち上がってくるのだ。つまりは東の言う「ひとびとの意志が加減され均される」というところである。

ルソーの一般意志には、二つの大きな特徴がある。

ひとつは、誰かに譲渡できないということだ。『社会契約論』の中で、彼はこう書いている。

「主権者とは、集合的な存在にほかならないから、この集合的な存在によってしか代表されえないものであることを明確に指摘しておきたい。権力は譲渡できるかもしれないが、意志は譲渡できない」（光文社古典新訳文庫、翻訳・中山元、以下同）

そしてもうひとつは、分割できないことだ。人民全体の意志であれば、それは一般意志になるけれども、分割された瞬間に、人民の一部の意志でしかなくなってしまう。それはすでに一般意志ではなくなっている。

だから彼は、司法と行政と立法を分離した三権分立を否定している。ルソーは書く。

「（引用者注：一般意志が分割されると）主権を、寄せ集めた断片で作られた幻想のようなものにしてしまうのだ。それは人間を、目だけの身体、腕だけの身体、足だけの身体のように、一部分だけしか持たない多数の身体から構成しようとするようなものだ」

困難な「一般意志」の具現化

さて、「譲渡できない」「分割できない」という二つの特徴を考えると、一般意志はけっして誰かに「代表」されるものではないという結論になる。一般意志は共同体全体の意志であって、誰かひとりの意志ではないからだ。主権というのは集合的な存在だから、一般意志は集合的な存在によってしか表現できない。

そうであれば、政治家を選挙によって選んで、その政治家に一般意志をゆだねるというのは、主権の自殺行為だということになる。

だからルソーは、一般意志が実現されるためには、その共同体の全員が集まった集会によって決定されなければならないと考えた。

でも、本当にそれで一般意志を具現化することができるのだろうか？　集会を開いただけで？　集会がうまく回らず行き詰まってしまったり、あるいは変な方向へと話が向かってしまうということは容易に想像できてしまう。

集会を開いたとしても一般意志の具現化はそう簡単ではない。そもそも一般意志には、本質的な難しさがある。

それは、一般意志は個別意志の総和ではいけないという難しさ。「税金を払いたくない」というひとりひとりの個別意志を総和すれば、「税金をなくす」という結論になってしまう。そうではなく、「私は税金は払いたくないが、住民サービスを受けたい」「私は税金を払いたくないが、しかし北朝鮮からの防衛は必要だと思う」といった個別意志を均していけば、最終的には「節度のある税金をみんなが支払うことにしよう」という一般意志へとつながっていく。しかしこの個別意志から一般意志をうまく抽出するための方法が、これまで見つかってこなかった。

ルソーは、「人民集会で決定すればいい」と言っている。でも人民が集まったからといって、きちんと一般意志が抽出できるとは限らない。ルソーはこうも書いている。

「人はつねに自分の幸福を望むものだが、何が幸福であるかをいつも理解しているわけではない。人民は腐敗することはありえないが、欺かれることはある」

そもそもみんなの意志の集計には、ノイズがつねに入り込むのだ。さらには、とうてい判断不可能な問題だってたくさんある。先ほどの税金の例なら、「みんなで少しずつ税金を払おう」という一般意志としての決着はすんなりと受け入れることができるが、じゃあトリアージ問題がやってきたらどうなるだろうか。

トリアージというのは、フランス語の「選別」からきた言葉で、地震や火災、列車事故などの大規模災害医療のときに、けが人に治療の優先順位をつけるシステムだ。黒（死亡、もしくは救命不可能）、赤（危篤）、黄（命には関わらないが早期に治療が必要）、緑（軽傷）という四色のタグを作製し、けが人の右手首に取りつける。

けが人があまりに多くなってしまうと、医師や看護師、救急隊員の数が圧倒的に足りなくなる。その状態で、手当たり次第にけが人の治療を行っているだけでは、助かるべき人が助からなくなってしまう。そこでトリアージの考え方が生まれてきた。本来ならすべての人をきちんと平等に治療すべきというのが理想であっても、大規模災害のような非常事態では、そこに優先順位をつけ、そしてある程度は「見殺し」にしてしまうこともやむを得ない――という治療を行う側、受ける側双方にとってなんともやりきれない、痛みのともなう次善策がトリアージなのだ。

たとえば重大な感染症が蔓延し、多くの死者が予測されるけれども、ワクチンがわずかしかないような場合にはどうするか。あるいは地球が破滅することがわかっていて、しかし脱出宇宙船に乗れる数は限定されているようなとき（ＳＦ映画によくある設定だ）、いったい誰を選ぶのか。

このようなとき、一般意志はどのように判断するのだろうか？

社会に貢献できる優秀な人を選ぶのか。みんなから好かれているいい人を選ぶのか。それともオークションにかけるのか、あるいはくじ引きで選ぶのか。あるいは全員死んでもいいから、均等にワクチンを分けてしまうのか。

こうしたトリアージ問題を、われわれ自身は判断できない。だったらいくら人民集会を開いて投票したって、そこで一般意志を具現化することは不可能なのではないか？

ファシズムに陥る危険性

さらにいえば、われわれが判断できないとなると、そこにはエリート主義が生まれてきてしまう。あるいは、ファシズムの可能性も。

名古屋大学大学院准教授で法哲学者の大屋雄裕《たけひろ》は、人気ブログ『おおやにき』の二〇〇七年のエントリーで、こう書いている。

「あほおな人民が集まって投票をした結果よりも、人民の共通利害を本当によく理解した有能な独裁者の決断の方が一般意志をよく反映しているという事態は十分に考え得るし、したがってルソーは統治形態として君主政・貴族政をまったく排除していないのである。重要なのは一般意志の内容が実現されているかどうかだけだから、定期的な市民集会によって人民の委任があることだけが確認できれば、通常の政治プロセスに市民が関与する必然性はない」

一般意志にかなっていれば、人民が同意しているかどうかはどうでもよいということだ。人民が誰ひとり同意できなくても、一般意志に沿っているのなら、全員を強制的に服従させることだって原理的には可能になってしまう。

そしてこの一般意志の曲解は、最終的にナチスドイツによって利用される結果となった。

『おおやにき』は言う。

「それは、『人民の本当の意志』を知っていると僭称《せんしょう》する勢力の無制限な実力の行使を正当化することにつながっているというのが、たとえばアイザイア・バーリンの批判であった（もちろんここでは、『我らが総統は知っている』とか『歴史の発展法則から必然的にそうなる』とか主張していた人々のことが念頭に置かれている）」

アイザイア・バーリンというのは冷戦時代に活躍したユダヤ系イギリス人の政治哲学者で、自由には「消極的自由」と「積極的自由」の二つがあるという『自由論』という著作で有名だ。

消極的自由というのは、自分のプライベートな領域については他の人たちから侵害されないという自由。積極的自由は自由というよりはどちらかというと自律に近い概念で、理性に従って自律的に活動していけば、それはよい社会を作るという自由だ。

そしてこの積極的自由は、一般意志というある一定の規範になぞらえられることから、それに沿うことは無条件によいことだという考え方につながる。最終的に「みんなのためになるのなら、個人の消極的自由を阻害してもかまわない」ということになってしまう。

積極的自由は、つねに消極的自由を侵害してしまうのである。これは全体主義への第一歩だ。

ルソーが「権力は譲渡できるかもしれないが、意志は譲渡できない」と書いているように、本当は一般意志はヒトラーやスターリンに譲渡されるはずがない。しかしルソーは、一般意志をどう明確に具現化するのかということについて、具体的なスキームをあまり描かなかった（描けなかった）。人民集会を開いたからといって、そこで必ずしも一般意志が決定されるわけではない。

投票で一般意志が抽出できるようになるためには、圧力団体や政党などの意志によって個人の意志がゆがめられないようにしなければならない。圧力団体や政党があいだに入ってしまうと、投票に利害が入り込んでしまう。そのような団体を排除して、人民が自分たちのコミュニティのことだけを考えて理性的に意見を言わなければ、一般意志にはならない。

でもそんなことは、ほとんど不可能だ。どんな集会だろうが会議だろうが、たいていの人は自分の利害で意見を言う。みんなのために理性的な意見を言う人ももちろんいるが、多数派には絶対になれない。

だからルソーの一般意志はじつに素晴らしい理念だったのだけれども、それを実現する具体的なスキームが存在していないという致命的な問題があって、結果として、「一般意志を体現する独裁者」

という怪物が二〇世紀に生まれてしまったのだった。

ネットが可能にする「一般意志2.0」

東浩紀のツイッターでのつぶやきにふたたび戻る。

東の凄いところは、一般意志を具現化するスキームはインターネットのアーキテクチャによって可能なんじゃないか？　という課題を提示したことだった。

彼はこれを「一般意志2.0」と名づけて、ツイッターで次のように説明した。

①調整するのは人格と人格ではなくデータとデータである。合意形成は目的ではない。合意が自覚されている必要がない。一般意志は内面化される必要がない。
②人民が主権を支配し、主権が人民を支配するという『社会契約論』の循環論理（自分で自分を統治する）を、オープンソース的な「透明性」の理念により保障する。
③『社会契約論』における「部分的社会」の禁止を、ひとりひとりの市民の「複数共同体への同時所属」の肯定として読み替える。ルソーが批判したのは、社会が複数の部分に分断されることだが、各人が複数共同体に同時所属すればこの問題は消滅する。

③´『社会契約論』における国民国家論、人民主権成立条件としてのメンバーシップの必要性については、破棄可能。メンバーシップのない、レイヤリングされた（諸）一般意志。

④一般意志2.0における最大の課題は二つ。軍事と教育。つまりはdiscipline（Foucault）〈引用者注：思想家のミシェル・フーコーが唱えた概念「規律」のこと〉。環境管理型社会で残る、規律訓練の残滓をどう処理するか。

つまりはこういうことだ——もし暗黙的に一般意志を抽出するアーキテクチャが存在するのであれば、そこには「人民が認識できない一般意志」を政治的に実現することが可能になってくる。エリート主義やファシズムに陥らないかたちで、公正な人民の一般意志を具現化することが可能になるのではないか。

これまでの欧米の民主主義では、社会に所属している人たちが明示的に自分の意見を述べ、討議を行い、そして最終的には決議によって決定を行っていた。だが日本ではそもそもこうした討議そのものがうまく作動せず、明示的に意見を述べる人も少ない。だったら自分がたんに普通に暮らし、生活の中でさまざまな悩みや問題点にぶつかり、それらについてあれこれと考えているだけで、それらの悩みや問題意識や思考が暗黙的にインターネットの中で自動収集されて均されていくというようなアーキテクチャは可能なのではないかということだ。それは欧米の民主主義とはまったく違う政治体ではあるけれども、日本独自の新たな政治のあり方を生み出すかもしれない。

彼が③で指摘している「部分的社会」というのは、政党や圧力団体のことだ。ルソーは『社会契約論』の中でこう述べている。

「人々が徒党を組み、この部分的な結社が（政治体という）大きな結社を犠牲にするときには、こうした結社のそれぞれの意志は、結社の成員にとっては一般意志であろうが、国家にとっては個別意志となる」

「これらの結社の一つがきわめて強大になって、他のすべての結社を圧倒した場合には、もはやわずかな数の差異の総和もなくなり、差異は一つだけになる。こうなるともはや一般意志は存在しない。ただ一つの個別意志が、一般意志を圧倒することになる」

だからルソーは、一般意志が十分に表明されるためには、国家の内部に部分的結社が存在してはならないと説いた。人民ひとりひとりが結社の意見にまどわされずに、自分自身の意見だけを表明することが大切なのだ。

かつては物理的な制約から、多くの人はひとつの結社だけに所属していた。典型的な例が、戦後日本の「カイシャ」や戦前の農村の「ムラ」だ。サラリーマンにとっては会社の掟だけがすべてで、ひとりの個人として社会に参加しようと考えても「そんな意見を表明したら、上司に怒られるのではないか？」「会社にまずうかがいを立ててからでないと……」と尻込みしてしまうことが多かった。いまでもそう感じている会社員は少なくないだろう。

ところがいまや、否応なしにこういうカイシャやムラ的な中間共同体と呼ぶべきものは日本社会から消え去ろうとしている。中間共同体が完全になくなってしまうという事態に、本当に日本人が耐えられるのかどうかはわからない。神戸女学院大学教授で評論家としても有名な内田樹は新たな中間共同体の復興を訴え、また社会学者の宮台真司はそれとは別の形での社会の包摂性の回復を求めている。

あるいは中間共同体のあり方そのものが変質していき、いままでのような全面的な服従をともなう所属ではなく、よりゆるやかな形で所属する形態が生まれてくるかもしれない。

実際、いまの社会構造は徐々にそうなりつつある。昔のように「同じ釜の飯を食って、明け方まで一緒に飲んで、時にはケンカして」といった全人格的なつきあいはなくなって、人間関係はもっと多面的に変わってきている。

「会社の同僚」「趣味の仲間」「飲み友達」「家族」「学生時代の同級生」「同じ業界の知人」、そうした結社がたくさん存在していて、われわれはそれらに同時に複数所属している。いまや日本社会は、このような結社が大量に重なり合った、レイヤー（重層）構造になってきているのだ。

会社に隷従したかつての時代においては、会社の個別意志にしたがって自分の意志を曲げなければならず、それは一般意志へとはつながっていなかった。だがこのような結社複数所属の社会であれば、会社や飲み屋や趣味のサークルのそれぞれの個別意志は、けっしてひとりの人間の個別意志を侵蝕しない。であれば、われわれはさまざまな結社に所属しながら、しかし同時に一般意志へとつながる共同体への意識を保っていくことも可能かもしれないのだ。

「一般意志」を判断するのは誰か

しかし、まだ問題がある。現代のような高度に細分化され、それぞれの専門性が高まった社会においては、ひとつの社会的な課題に対して、

「いったい誰がその課題について判断するのか？」

という問題が起きてくる。たとえば前に触れた八ッ場ダムについて考えてみよう。「建設を進めるのか、それとも中止するのか」という判断を一般意志によって行うとき、その

一般意志の母集団はいったい誰になるのか？

日本人全員だろうか。

でも日本人の大半は、八ッ場ダムについての詳細な知識を持っていない。それどころかテレビのワイドショーのつまらない演出や、新聞の情緒報道にまどわされ、「地元のおばちゃんたちがかわいそうだから、やっぱり建設は進めたほうがいいんじゃないか」と思ってしまっている人は少なくないだろう。彼らから抽出された一般意志には、正当性はあるのだろうか？

ノーだ。

ルソーの人民主権は、自律的かつ理性的にものごとを考えられる個人の存在が前提となっている。ルソーが生きていた時代のイギリスやフランスにはコーヒー・ハウスやカフェと呼ばれた社交場があり、ここに集まった貴族やブルジョワたちの議論が、近代市民社会を支える世論を作り上げる基礎となった。

その後、産業革命によって主権の母集団が貴族やブルジョワから労働者階級へと拡大していくと、世論をコーヒー・ハウスのようなリアルな空間で形成していくのは物理的に不可能になり、それでマスコミが代替的な世論形成空間として台頭してきた。そういう歴史的な流れがある。

ルソーの時代だったら、知性と教養のある個人であれば、社会のさまざまな問題について意志を持つことは十分に可能だった。しかしいまや社会は高度に専門化し、分断されていて、ひとりの個人が社会のありとあらゆる問題について意志を持つことはほとんど不可能だ。そういう状況の中で、どのように一般意志を駆動させていくことが可能なのだろう？

おまけに、いまのようにテレビや新聞が情緒報道を大量生産している日本の現状では、マスコミのもたらす「ゆがみ」が一般意志の抽出を阻んでしまう。

ルソーの時代には、人は自分の本分だけに沿って、普通に生きていけばよかった。普通に生きていくことが、そのまま社会の一般意志として均されていくことだったのだ。だがマスコミは、その「一般意志の均し」に対して、余計なパラメータを持ち込んでしまう。

つまりは衆愚である。

ブログ『on the ground』は、そもそも民意には何の期待もできないと指摘した。民意などというものは、ポストモダン化されて社会が細分化していく状況の中では、「何か漠然とした集合体でしかない」というのである。

「『民意』は常にフニャフニャと捉えどころのないものとしてしか現れず、その『代表』とはただでさえ融通無碍《むげ》なものです。ゆえに、社会の一体性が失われていくポストモダン下では、全体を統合的に『代表』することが一層困難・無理な行為となり、本来は全く立場を異にする人々を糾合して疑似的な連帯を創出する『ポピュリズム』が不可避的に帰結されるようになります」

「一般意志」をレイヤリングする

そうして『on the ground』は、ステークホルダー・デモクラシー（利害関係者民主政）を新たなデモクラシー像として提唱している。

「この考え方は、個々の主体が有する私的な利害関心を重視して、多様な利害関心が政治過程に伝達・反映されるための回路を再整備しようとすると同時に、従来の政治過程から社会内へと決定権を積極的に委譲して『利害関係者 stakeholder』間での合意形成による決定および執行を支援・推進する点に特徴があります。ポストモダンでは従来の政治過程の外に巨大な影響力を有する企業や個人が存在し、政治課題の専門性も高まっているため、『ガバメント』の修繕・改良としての作業と並行して、『政治の遍在』を視野に入れた一般統治＝『ガバナンス』を制度的に構築していかなければならないとの問題意識が前提されているのです」

たしかにいまの日本の政治状況を見ると、政治プロセスの外側に影響力の強いステークホルダーが多数存在するようになっているという問題がある。典型的な例が、反貧困ネットワークの湯浅誠だ。『反貧困』（岩波新書）で大佛次郎論壇賞を受賞し、二〇〇八年暮れには年越し派遣村を日比谷公園に開設するなど、一貫して格差社会問題の重要なキーパースンだったが、自民党政権下では彼は政府から見ればアウトサイダーにすぎなかった。政権交代後、内閣府参与として迎えられて政策に関与するようになったのは、当然といえば当然の流れだったといえる。

湯浅のケースを見ればわかるように、かつて政治はステークホルダーのかなりの部分を排除したインサイダーによって意思決定され、「政治家と官僚と有識者懇談会に参加する大学人」といった三位一体のインナーサークルがそれを担っていた。だがそういう政治プロセスそのものが民主党の政権交代によって解体されつつある。

では政治プロセスのアウトサイダーだったステークホルダーたちが、どのようにしてその政治プロセスに参加できるのか。その問題解決として、『on the ground』はステークホルダー・デモクラシーを提唱しているわけだ。

とはいえ、それがうまくいく保証はあまりない。たとえばアメリカでは戦後、企業や団体の政治参加が増え、多様な主体による自由な政治活動が行われるという多元主義がさかんに語られた。しかしこれがうまく機能したかといえば、結果としてはロビイズムの跳梁跋扈を招いただけだった。

　政治学者の佐々木毅は『政治学は何を考えてきたか』（筑摩書房）の中で、セオドア・ロウィの著書を紹介しながらこう解説している。

「セオドア・ロウィの『自由主義の終焉』は多元主義が公権力の慢性的な私的使用を正当化し、閉鎖的な競争世界を再生産していることを鋭く告発するものであった。つまり、多元主義は主体の複数性と競争の開放性を口にしているが、現実には権力と特定集団との癒着は日常化し、複数性も開放性も『絵に描いた餅』であることを彼は指摘したのであった」

　このように「権力と特定集団の癒着」が行われないかたちで、どのようにして細分化された社会のさまざまな圏域の人々の意志を、一般意志へとつなげていくことができるのだろうか。

　東はツイッターで、「メンバーシップのない、レイヤリングされた（諸）一般意志」と書いている。

　たとえば仮に、ここにひとりのフリーターの若者がいると考えてみよう。

　彼は地方の小都市に住み、コンビニでアルバイトしている。高校を中退して五年。正規労働についたことは一度もないが、しかしこの間、コンビニはいくつかのフランチャイズを渡り歩いて、この仕事の実態についてはかなり詳しくなった。フランチャイズの仕組み、あるいはフランチャイズ本部がいかに地方の経営者を搾取しているのかということも。さらにはコンビニ店員という立場が、社会階層の中でどのような位置にあるのかということも、肌身にしみて実感するようになった。

彼はたんなるフリーターでしかない。日本の金融や情報通信のことなんか何ひとつわかっていないし、八ッ場ダムのこともちろん知らない。「古舘伊知郎のニュースでそんなのやってたっけなあ」という程度の認識だ。マスメディアの情緒報道に流されやすいし、自分が社会の一員で社会を担っているひとりであるという意識なんかこれっぽっちも持っていない。だからルソー的な意味では、彼は自律的で理性のある人民ではない。

けれども彼は同時に、コンビニの店頭の専門家であり、コンビニ店員の非正規雇用についての専門家でもある。コンビニの店頭で起きるさまざまなできごとについて、彼は熱っぽく語る。テレビのニュース番組でコンビニの話が取り上げられると「全然わかってないよな」とテレビを強く批判する。彼は自分の専門分野であるコンビニの現場の話においてはテレビよりも詳しいと自認していて、だからこの分野に関してだけは、マスメディアからの影響をほとんど受けない。

つまりは誰もが持っている、自分がステークホルダー（利害関係者）である分野についての知見に関しては、マスメディアのゆがみを回避して一般意志を抽出することが可能なのかもしれないのだ。

このように検討してきてみると、東の言う「一般意志2.0」はけっして夢物語などではなく、現在の政治の問題を乗り越えることができる可能性を秘めていることがわかってくる。

「議論による民主主義」と「経済効率性」

とはいえ、この「一般意志2.0」が本当にうまくテクノロジーによって作動するのかどうかは誰にもわからない。

前出のブログ『on the ground』は「それでもやはり討議が必要なのではないか?」という疑義を提示している。

「彼(引用者注:東浩紀)の一連の議論において政治過程の中心イメージは常に『投票』であり、『討論』への言及が為されることはまずありません。しかしながら、既に別の記事で論じたように、『自分の欲求を実現するためには、所与の選好のまま投票するよりも、意見の違う人と話し合ってから判断した方が良い場合もあ』りますから、『私たちの自己決定(自分が望む結果をもたらすような決定）を可能にするためにこそデモクラシーがあるとすれば、直接投票が常に最も民主的な方法であるとは限らない』のです」

また「討議」については、著名ブログ『Kousyoublog』も言及している。彼はリチャード・セネットの著書『不安な経済／漂流する個人――新しい資本主義の労働・消費文化』（大月書店）から次のようなくだりを引用した。

「使い勝手のよさ（ユーザー・フレンドリー）は民主主義を駄目にするといっても過言ではない。自分のまわりの世界がどのように機能しているかを市民がすすんで発見しようと努力することこそ、民主主義には不可欠なのだ」

たんに無意識的に生活しているだけではダメで、日常の消費生活とは大きく離れ、「なぜだろう？」「どうなっているんだろう？」という疑問と探求心を持たなければいけないというわけだ。これをセネットは「職人精神（クラフトマンシップ）」と呼んでいる。

ブロガーは書く。

「直接民主制を行うに足るWEB上のコミュニケーションプラットフォームはすでに充分に存在するのだろうと思います。あとは、政治に対してどれほどクラフトマンシップ、つまり『何も手に入らずとも、何ごとかを正しくおこなう』ために探求し続ける精神を持てるか？ということなのでしょうね。

おそらく我々のワークスタイルを、より自律的、能動的、主体的な職人型に近づけていき、また何事かを深く探求できるだけの時間的余裕を取れるようなライフスタイルへと変化させていく必要があるのでしょう。

どのようにして仕事を自分の仕事とできるか、政治への関心もまた自分の人生のテーマの一つとして喚起できるか、がキーだと思います。しかし、一定の経済効率性とトレードオフになるため、この不況下においては、困難な問題でもあります」

討議は必要だけれども、その時間と余裕を人々が持つためには、自分の仕事をある程度は犠牲にしなければならない。しかしそのような余裕がなくなってきているのがグローバリゼーションに飲み込まれたいまの日本社会であることを考えれば、「議論による民主主義」と「経済効率性」は両立しにくいという問題を抱えているということだ。

もしそういうトレードオフが越えられない壁であるとすれば、「一般意志2.0」には可能性がある。なぜなら討議をしなくても人々がたとえばツイッターで自分の考えをつぶやいているだけで、政治システムへとつながっていくことが可能だからだ。

いっぽう、ブログ『muse-A-muse 2nd』は、インターネットにおける情報流通が政治の基盤になりうるのか？　という疑問を提示した。ネットにおける情報はしょせんは武力や経済力の下に庇護される存在でしかなく、それが権力化することは可能なのか——という問いかけである。

「『政治』『経済』のほかに別の系があるという風にとらえたら分かりやすいかもという認識には同意するんだけどそれは『情報』というか『文化』かな、って感じがしている。この『文化』という言葉も曖昧で、せいぜい『政治』『経済』の合理的システム（ハーバーマス〈引用者注：ユルゲン・ハーバーマス。ドイツの社会学者〉なんかが『システム』と呼ぶもの）からはずれた多様性ぐらいのイメージだった」

そうして彼は、「力の源の上位の系が政治・経済というのは依然として変わらないはず」と書く。文化はしょせんは幻想や虚構でしかなく、「武」や「金」という上位の力の存在を忘れさせるだけの麻薬でしかない。

「よくネット時代の『ネットワークの力』とか『情報の力』とかいわれるのは『武』や『金』に対する力というよりはこういうものへのオルタナティブなもののように思う。

マスメディアに代表されるような、われわれ自身が再帰的に作り上げてきた消費的な文化装置に対してわれわれのリアルな生活と実存を想い起こさせるような、そして見知らぬ誰かと共有し、知や感情のようすがを育んでいけるようなそういった力というか場のようなものとして。

そこから先になんらかの創発的なものがあるのかもしれないけど、はじめからそれを期待し過ぎても却ってその可能性を潰すことになってしまうのかもしれない」

ツイッターが「一般意志」を生成する

「一般意志2.0」が政治権力へと接続されるためには、ウェブの空間で情報がやりとりされるという文化圏だけでは不十分だ。それを政治権力というパワーに導いていくためには、ネットによって世論形成を行ってそれが政治へとつながるための何らかのシステムが必要となる。そのシステムはどのようなアーキテクチャなのだろうか?

東は二〇〇九年一二月に開かれた『ウェブ学会シンポジウム』で、ツイッターが一般意志の生成装置になっていると発言した。

ここから先は、ツイッターを使っている人には冗長な解説であるから、読み飛ばしていただいてかまわない。詳しくない人のために説明しよう。

ツイッターは非常に不思議な言論空間を形成している。普通のウェブ――たとえば2ちゃんねるのような掲示板では、掲示板のある書き込みはその掲示板を閲覧しているすべての人の目に触れている。これはブログも同様だ。「そのウェブを見ている人によって、見られている文章が異なる」というような仕組みはこれまでのオープンなインターネット空間には存在してこなかった。

いっぽうでミクシィのような閉鎖的なSNS（ソーシャルネットワーキングサービス）は、見ている人によって掲載されている文章はまったく異なる。ミクシィでは自分が承認した「マイミク」という友人の日記だけが、自分のウェブサイトに表示される。知らない人の日記は表示されない。

ツイッターは、オープンな掲示板と閉鎖的なSNSの混合型だ。

ツイッターには「フォロー」と「フォロワー」という関係がある。たとえばAさんがBさんとCさんをフォローすると、Aさんのツイッターの画面にはBさんとCさんのつぶやきが時系列に沿って表示される。これが「タイムライン」だ。ミクシィと違って、BさんやCさんから承認してもらう必要はない。どんな有名人であっても、勝手にフォローして勝手につぶやきを自分のタイムラインに表示させて読むことができる。

いっぽう、Bさんの側から見ると、フォロワー（自分をフォローしてくれている人）はリスト表示されているので知ることができる。でもBさんがAさんを「フォロー返し」しない限り、Aさんのつぶやきは Bさんのタイムラインには表示されない。

こういう仕組みを持っているから、ツイッター上では人によって読んでいるタイムラインがまったく異なっている。AさんはBさんやCさんのつぶやきをタイムラインで読みながら、それにコメントしたり、自分のことをつぶやいたりしている。でもBさんがAさんをフォローしていなければ、BさんのタイムラインにはAさんの自分に対するコメントは表示されない。言論空間として考えると、重層構造的というか多元宇宙的というか、とにかく複雑な山脈の連なりのようになっている。

東はこの不思議なツイッター空間を表現して、「タイムラインでみんなが見ている同期空間が全体意志で、ツイッターのデータベースが一般意志」だと語った。タイムラインでは利用者それぞれの勝手なつぶやきと自分がフォローしている人たちのつぶやきしか見えない。

しかも参加者は、それぞれが見ているタイムラインがそれぞれ異なっているから、議論は発生しにくい。お互いにフォローし合っている人のあいだなら直接的なコミュニケーションは成り立つけれど、自分をフォローしてくれていない人に勝手にケンカをふっかけても、相手は自分の罵倒を読んでくれていない可能性がある。

つまりは厳密にいうと、ツイッターではコミュニケーションがじつは成立していないということだ。これは逆の見方をすれば、自分の意見が他人に影響されにくいということでもある。これは何を意味するのだろう?

ルソーはこう書いている。

「人民が十分な情報をもって議論を尽くし、たがいに前もって根回ししていなければ、わずかな意見の違いが多く集まって、そこに一般意志が生まれる」

　要するに、議論は必要だけど「事前の根回しはダメだよ」ということだ。互いに事前に意見交換してしまうと、マスコミのプロパガンダや声の大きい者のアジテーションに目がくらんでしまって、自分が本当に何を望んでいるのかがわからなくなってしまう。だから事前の根回しはしない。そのかわりに、自分でよく考えておいて、一般意志を抽出するための人民集会で初めて意見を開陳せよ、というのがルソーの考えだ。

　ツイッターはオープンであるのにコミュニケーションが微妙に成り立たないという特性を持っているから、これが「事前の意見交換」を行いにくいシステムになっている。だからこの場所でつぶやいていくうちに、いつしかツイッターのデータ全体の中には一般意志が蓄積されていく——東のロジックは、こういう方向性だろう。

　とはいえ、ツイッターが本当に政治システムとして成り立つのかというと、現時点ではあまりにも混沌としていて判断しようもない。第三章でも述べたように、もう少しアーキテクチャとして洗練されてこなければ、そもそもが異様に不安定であり、あまりにも生々しすぎるウェブのこのシステムに政治を任せようなどとは誰も思わないだろう。

「投票システム2.0」

東の考えを延長させて、もう少し現実的なアプローチも出てきている。

先ほどの『ウェブ学会シンポジウム』で、株式会社サルガッソー代表の鈴木健は「伝播委任ネットワーク」という独自の民主制度を提案した。

これは政策ごとに投票を行うというシステムだ。さまざまな専門的問題があちこちに乱立し、それぞれの判断に高度な専門性が求められる現在の状況では、すべてひっくるめて「民主党か、自民党か」と有権者に判断させるのはあまりにもおおざっぱすぎる。「地球温暖化問題では自民党」「でも死刑廃止問題では民主党」というように、イシューごとに投票する仕組みが出てきたっていい。インターネットが普及している現在では、投票にかかるコストなんて極限まで小さくできる。

鈴木が天才的なのは、このイシューごとの投票にさらに「票の分割」「票の譲り渡し」というまったく新しい概念をまとめて持ち込んだことだ。

たとえばこうなる。

「地球温暖化問題では民主党の政策の方がちょっと優位だけど、自民党もそれほどひどいことは言っていない。だから自分の持ってる一票のうち、〇・七票は民主党に入れて、

○・三票は自民党に投票しよう」
「経済対策では民主党より自民党のほうがましだったと思う。でも経済のことは僕なんかよりも知り合いの山田さんの方がずっと詳しいから、彼に譲渡しよう。自民党に○・四票、民主党に○・一票、そして山田さんに○・五票を譲り渡します」

山田さんはそうやっていろんな人から票を譲渡してもらい、経済対策選挙ではひとりで五〇〇票を受け持つことになった。こういう人たちがたくさん出てくれば、先にブログ『on the ground』が提案したステークホルダー・デモクラシー（利害関係者民主政）を、腐敗したロビイズムに陥らせずに実現できるようになるかもしれない。

俳句評論の小野裕三は、自身のブログ『ono-deluxe』で、鈴木の考えを賞賛してこう書いた。

「近代的な観念では、人間は統一的な主体として判断をしなければならないということになるし、従って投票の際には賛成か反対かを明確に決めなくてはならない。しかし、実際には『3割くらい賛成なんだけど、7割くらい反対なんだよなあ』みたいなことはありうるし、それがむしろ人間の実態である。とすれば、例えばそのようなものを実際の投票システムに反映させよう、ということがネットやデジタルの仕組みを使えば可能になる。きわめて特殊な数学的アルゴリズムによって処理していくのだろうが、このことは実に画期的である。鈴木氏は『民主主義の再発明』を言うわけだが、それは概念を操作して過度に難解な議論をすることによって達成するのではなく、単純明快に仕組み自体を新しくすることによって達成されるわけだ。しかも、その中に『主体』概念の解体という、きわめて脱近代的な所作も含んでいる」

「世論」を「輿論」へ

京都大学大学院准教授の佐藤卓己は、著書『輿論と世論』（新潮選書）の中で、かつては輿論（よろん）と世論（せろん）は別の言葉だったと指摘している。輿論は私憤を抑えた理性的な公論で、公衆の社会的意識が組織化されたもの。いっぽうの世論はもっと低俗で、私憤の集合体。あるいはまだ認識の対象となっていない心理状態、つまり気分や雰囲気の表出のようなものだ。

私と佐藤、『噂の眞相』元編集長の岡留安則の三人は二〇〇九年一一月、京都大学の学園祭で「ＩＴ時代のジャーナリズム」と題して鼎談を行った。この鼎談内容は主催の京都大学新聞社によってまとめられ、同紙のウェブサイトに掲載されている。この中で佐藤はこう語っている。

「敗戦後46年の当用漢字表で『輿』が使えなくなり、代用として『世』が使われることになり、現在では日本世論調査協会の公式見解でも『世論と書いてよろんと読む』ということになっている。（中略）

このように輿論が世論と書かれるようになり、世論（せろん）がよろんと読まれるようになった変化を、私は『輿論の世論化』と言っている。19世紀の市民社会は輿論の時代だったが、大衆政治による『輿論の世論化』を経て、現在の『世論（よろん）の時代』となった。しかし、ここにきて私は再び世論を輿論化していくこと、つまり気分や感情を意見に変えていくことが重要なのではないかと思う。はやりのスタイルでいえば、『輿論2.0』といえるようなもの、19世紀市民社会の階級的な輿論とはちがった公議輿論を、ネットなどのメディアで起こしていかなくてはいけない」

佐藤のこの考えは、東の「一般意志2.0」と同じ問題意識だ。ツイッターやSNSのようなソーシャルメディアが進化していけば、いずれは輿論や一般意志をそこから抽出していけるのではないか――そういう期待感が、いまやネット論壇の中には芽生えつつある。

このような期待感はこれからどこへ向かっていくのか。

インターネットのアーキテクチャを活用した民主主義は、東の「一般意志2.0」に見るように十分に理念としてはあり得るし、遠い将来には現実の政治システムとして始動する時期もやってくるかもしれない。

だがいっぽうで、前にも解説したようにツイッターのようなウェブのサービスは政治のインフラとして利用するのにはまだあまりにも未成熟で、ノイズのフィルタリングや意志の抽出方法、外部の文化圏との衝突などさまざまな難題をはらんでいる。

このような未成熟なインターネットがそのまま政治と融合していけば、韓国のような悲惨な事件が多発してしまいかねない。すでに日本でも、2ちゃんねるがアクティビズムに目覚め、そして一部の極右勢力がネットから出て暴力事件を引き起こしているように、「決断」の名のもとに新たな行動主義が台頭してきている。こうした動きが、いったい何をもたらすことになるのかは、現時点では誰にもわからない。

でもとりあえずは、期待するしかない。いや、「期待して待つ」というのはあまりにも他人事すぎる。このネットの言論空間をどう作り上げるかは、私や読者であるあなた、そして本書でたくさん取り上げたネットの多くの人々の手にかかっているのだ。だからとりあえず自分たちでできること――それは人によっては言論を高めることかもしれないし、あるいは新たな政治のインフラを目指すべくウェブのサービスを立ち上げようとすることかもしれないし、ひょっとしたら新たな理念を持ってアクティビズムへと動いていくことかもしれないけれど――を、自分たちの決断で進めていくしかないということなのだ。

せっかく政権交代という大きな転換期に居合わせているのだから、だったら何か面白いことをみんなでやろうぜ、ということなのである。

終章

「小沢vs.検察」報道にみるマスコミの限界

郷原信郎の爆弾発言

政権交代から四ヵ月が経ち、二〇一〇年の幕が開いた。

一月一〇日、テレビ朝日の報道番組『サンデープロジェクト』。田原総一朗が討論の司会を務めるこの人気番組に、元東京地検特捜部検事で弁護士の郷原信郎が出演した。郷原はこの数年、検察の強引な捜査手法やそれに乗ったマスコミの報道について手厳しい批判をしている。

この日、郷原は「爆弾発言」をし、スタジオは騒然となった。

民主党幹事長、小沢一郎の政治資金問題について、「これまでのマスコミ報道は誤報じゃないのか」とぶっ放したのである。

この疑惑の詳細を解説するのは本書の目的じゃない。だから煩雑な解説は最小限にとどめようと思うけれど、各紙の報道をまとめてわかりやすくいえば、次のような話だ。

――陸山会という団体がある。小沢の資金管理団体だ。新聞やテレビでは政権交代後のお祭り騒ぎが一段落した〇九年一一月以降、陸山会の不透明な政治資金をめぐる報道が活発化していた。

どのような疑惑なのだろうか。陸山会は二〇〇四年秋に、東京都世田谷区の土地を三億四〇〇〇万円で購入した。小沢の秘書だった衆院議員の石川知裕は「小沢先生の定期預金を担保にして金融機関から四億円を借りた」と検察に説明していたが、検察の捜査によれば、じつは金融機関から四億円を借りたのは不動産を購入した「後」だった。では不動産購入費の四億円はどこから？　ということになる。

新聞報道によれば、この四億円は小沢の手持ち資金から現金で陸山会が受け取り、一部を陸山会の口座に入金し、一部は「小沢一郎政経研究会」や「誠山会」など別の政治団体、民主党の岩手県支部などにいったん分散してから、陸山会の口座に入金していた。この現金で受け渡された四億円は政治資金収支報告書には書かれていないという。

さて、東京地検の見立てはたぶんこういうことだ。

「そもそも現金授受の四億円を収支報告書に記載していないのは虚偽記載で、法律違反。まず石川を立件するぞ。さらにこのカネの授受の時期に、『大型公共工事の受注にからんで小沢事務所側に多額の資金を提供した』というゼネコンの関係者の証言もある。だからこれはゼネコンから小沢に渡った裏金じゃないのか？」

検察は事件をこういう見立てにしていて、その流れを新聞社の司法記者クラブ（東京地検と東京地裁・高裁を担当するマスコミ各社の記者クラブ）に〇九年秋ごろからそろそろとリークし、世間や永田町の反応をうかがったというわけだ。

これは昔から検察が綿々と行ってきた手法だ。世論を誘導したい検察と、特オチ（他社が軒並み報じているのに、自紙だけ書いていないこと。新聞記者にとってもっとも恥ずべき事態）を恐れる新聞記者。この両者がからみ合って、検察報道は成り立っている。だから新聞やテレビではこの時期から「小沢政治資金問題」が集中豪雨のように報道されるようになる。

そういう状況の渦中で、年明けのサンデープロジェクトでの爆弾発言となったのだった。

番組で田原は「郷原さん、この陸山会のお金の問題をどうとらえていますか？」と切り出した。

郷原は答えた。

「検察はまだ強制捜査をしていないし、公式なアクションやコメントもない。マスコミの側が報じているだけなんですね。石川議員が起訴されるとかいろいろ言われているけど、いったい何の犯罪事実で起訴されるのかさっぱりわからない。いったい何が行われているのかがさっぱりわからないですね」

田原は「この土地を買ったという四億円が、銀行から融資を受けたんではなくて小沢さんの金じゃないかということじゃないんですか」と返した。

郷原は「○四年に土地を買った原資のことが収支報告書に出ていない。だから不記載だということかと思っていたんですけどね」と答え、そしてこう続けた。

「ところがよく見てみると、二〇〇四年の収支報告書には小沢さんからの四億円の借り入れの記載はあるんです」

このひと言に出演者たちは息を呑んだ。

「えっ。ちょっと大変なことだ。何ですか？」と田原。

「二〇〇四年の収支報告書には『小澤一郎　400,000,000』と書いてあるんです」。郷原はそう言って、書類を示した。

「まったく書かれていない謎の金ではなくて？　ちょっとアップにしてください。郷原さんの持っている紙。どこに書いてありますか？」

「これは官報に掲載されている収支報告書ですけれども、ここに四億円は書いてあるんです」

経済ジャーナリストの財部誠一が驚いた表情でこう発言した。

「星さんと岸井さんにおたずねしたいんですが、いま郷原さんの○四年の収支報告書に四億円の借り入れ記載がちゃんとあるというのはちょっと衝撃的で、新聞はないと報じていますよね。それはあまりにも事実と乖離しすぎませんかね？」

質問を向けられたのは朝日新聞編集委員の星浩と、毎日新聞特別編集委員の岸井成格《しげただ》である。どちらも政治記者で、テレビのコメンテーターの常連だ。

岸井はぶすっとした表情で、こう答えた。

「そうですね、そこは確認しなければいけないけれども、少なくとも〇四年も、まだ〇五年もあるんですよ。同じ四億なんですね」

財部がさらに問う。

「でも新聞は〇四年が問題だと言ってるじゃないですか」

追い詰められた岸井はへらへらと笑いながら、「だからその辺の捜査の仕方がなんか変だな、というところはね」と口ごもった。そうして話を突如として切り替え、違う方向へと持って行ってしまったのだった。

「いまや本当に実力者ですから、小沢さんは。政治をあれしているわけですから。私もずっと取材していて感じるんだけど、田中角栄さん、金丸さん、竹下さん、つまり政治は力と思っている。それは数だというところに必ずお金がからんできてしまうわけでね」

テレビに先んじたネット論壇

この郷原の爆弾発言の背景には、インターネットでの言論展開があった可能性がある。なぜなら「官報記載」を最初に取り上げたのは、2ちゃんねるだったからだ。サンデープロジェクトの生放送は一〇日日曜日の朝。その前々日の八日金曜日ごろから、

「Q：小沢一郎の陸山会は、本当に検察やマスコミの言うように収支報告書に4億円の不記載があったの？

A：そんなことはありません。ちゃんと2004年度の官報に載ってます」

と当該の官報のウェブのURLと掲載ページを記したテキストが大量に2ちゃんねるのあちこちの掲示板にばらまかれたのである。このテキストには、

「Q：じゃ、何で検察やマスコミは不記載だって騒いでるの？

A：おそらく、官報の漢字変換上の都合で小沢氏の名が、片方だけ旧字体になったから検索漏れになっただけじゃないかと」

という解説まで加えられていた。

さらにこの話は、ブログにも飛び火した。元全国紙社会部記者の会社経営者が書いているブログ『永田町異聞』が、九日になって「『小沢貸付4億が不記載』という誤報の拡散

を憂う」というエントリーで紹介したのである。

「（たとえば一月六日の毎日新聞は）『04年の小沢氏からの借入金約4億円』は『収支報告書への記載がない』と断定している。

この『収支報告書への記載がない』が『誤報』なのである。その証拠は平成17年9月30日の官報で確認できる。

平成17年3月末までに報告された政党や政党支部、政治資金団体、資金管理団体などの平成16年（04年）収支報告書がこの官報に掲載されており、資金管理団体『陸山会』の報告内容も当然ある。

それによると、本年度収入額が約5億8000万円で、内訳のなかに『借入金　小澤一郎　400000000』と、明確に記されているのである」

『永田町異聞』は「これはどうみても、記者が収支報告書の内容を自らの目で確認する『取材のイロハ』を怠っているとしか思えない」と切って捨てた。

このエントリーはさまざまなブログに引用され、多くの人の目に触れることになった。もともとの2ちゃんねるへの投稿を、いったい誰が行ったのか。またこの情報がなぜ急速に伝播したのかはよくわからない。だから「これは謀略ではないか？」と民主党が裏で主導していた説を主張する者まで現れた。

ブログ『あんた何様？・日記』は、「民主党のネット情報収集チームが、これを使えるとテレビで発言したのかと思っていたのですが、検索をしてみると興味深いものを発見」と、郷原がまだサンプロで発言する以前の時間に2ちゃんねるで「今日の郷原の発言で、官報については大分判明しそうだ」という書き込みがあったことを指摘している。

2ちゃんねるの書き込み時間表記は必ずしも正確ではなく、時間が前後することはよく起きている。だからこの指摘が正しいかどうかはわからない。民主党の計画説も、あまりにも陰謀論にすぎるだろう。しかしこの郷原の発言で、2ちゃんねる上は一気に盛り上がったのだった。サンプロ生放送時の2ちゃんねるから。


「さすがだぜ郷原」

「テレビで官報の件が流れたのはこれが初か？」

「官報　テレビ報道　初出！　おめでとう！　田原は本当に知らなかったのか？　かなり動揺しているように見えるが」

「裏取りしないで記事書いたのが白日に晒されたからな　訴えられたら勝てないだろ」

「岸井があそこまで狼狽したのを見たのは初かも」

「銀行から借りた四億円」と「小沢から渡された四億円」

しかしこの郷原の「爆弾発言」は、必ずしも正確ではなかった。毎日をはじめとした新聞の側は、四億円が官報に記載されていることはとうの昔に織り込みずみだったからである。

どういうことなのか。

二三八ページの終わりから始まる説明をもう一度読んでほしい。

四億円には「金融機関から借りた四億円」と「小沢から現金で渡された四億円」の二種類があって、前者は後者を偽装するためだというのが検察の見立てだった。郷原が指摘した「官報に書いてある四億円」というのは「金融機関から借りた四億円」であって、後者の「現金で渡された四億円」ではなかった。つまり「現金で渡された四億円」はやっぱり収支報告書には記載されていないので、虚偽記載である、ということになるのだ。

これはじつは朝日なんかはちゃんと書いていて、たとえば一〇月一五日の記事には「04年分の収支報告書では、同年10月29日に4億円の借入金を記載」と記されている。

だから毎日の岸井は、郷原から指摘されたからといって狼狽《うろた》える必要なんてなかった。

「その官報の記載は偽装されたもので、すでに報じてるやつだ。いま問題になっている虚偽記載は、現金で授受された四億円のほうだ」と堂々と反論すればよかったのである。

さらにいえば、郷原の側もサンプロのスタジオでこうつけ加えている。

「これ（引用者注：官報に記載されている四億円）は小沢からの金融（引用者注：小沢名義で金融機関から借りたもの）なのか、それとも個人から直接現金で出てきたものなのか。その違いなのかもしれないけれど、公開された情報ではわからない。捜査機関から直接説明してもらえないとわからない。何が犯罪として問題にされているのかわからない」

郷原も、官報の記載についてはすでに新聞報道されていることを知りながら、あえて指摘したのだった。彼はサンプロ生放送から三日後の一三日、日経ビジネスオンラインのコラムでこう説明している。

「要するに、私としては、04年の収支報告書に小沢氏からの借入金の記載があるのに、それでも違反だというのは、マスコミの側が検察の側からよほど詳しい説明を受けているからではないか、と今回の一連の報道の在り方の問題を指摘したかったのだ」

あまりに説明不足なマスコミ報道

この「官報記載」問題は、インターネットの言論空間が内包している問題を浮き彫りにしてしまったといえる。「官報に掲載されてるじゃないか」「マスコミの報道は嘘だ」という風評だけがひとり歩きして2ちゃんねるやブログの一部は大きく盛り上がってしまい、その祭りに参加していたネットユーザーたちの大半は自分で事実関係を確認しようとさえしなかったのである。ネットは社会の写し絵だ。インフルエンサー（影響力のある人）にすぐに煽動されてしまう者たちが大量にいて、世論はそのたびに右往左往する。自分で事実確認をしようとする者は少数派でしかない。

しかしいっぽうで、新聞・テレビの側もそうしたネットユーザーたちのバカ騒ぎをけっして笑えない。なぜならサンデープロジェクトに出演していた毎日の岸井成格も経済ジャーナリストの財部誠一も、そして司会の田原総一朗も、郷原の「官報に載ってるじゃないか」というミスリーディングな指摘に瞬時には応えられなかったからだ。

ブログ『誰も通らない裏道』は、岸井や星をこう非難した。

「たとえ官報に記載されていた4億円が問題になっているのとは別のカネだったとしよう。しかし、きちんと調べていれば、同額の記載があることは知っているはずである。したがって、すぐに『そのカネは違う』と反応できるはずだ。ところが、彼らは同額の記載があることを根本的に知らなかった。これでは記者失格の烙印を押されても仕方がない」

しかし星や岸井ら地検担当ではない年配の政治記者にそこまで求めるのは、いくらなんでも酷だろう。問題は二人が官報の記載を知らなかったことではなく、そのようなわかりづらい報道がされていたことだ。〇九年暮れから一〇年初めにかけて集中豪雨的に送り出された「四億円」報道は、ほとんどの説明が省かれていて、記事単体を一読しただけでは読者はほとんど誰も理解できなかっただろう。おそらく新聞社編集局でも、記事内容を理解していたのは司法記者クラブの担当記者と取材班のメンバー、それにデスクと社会部長ぐらいだったのではないか。

実際、朝日も先に紹介したように一〇月の記事では「収支報告書では4億円の借入金を記載」と書いているものの、その後の記事ではこの官報記載の事実はほとんど端折《はしょ》られている。たとえば一二月二七日の一面トップの記事「4億円不記載　解明へ」では、四億円が「他の政治団体を経由して集められ土地代金にあてられていたことがわかった」と前文で書き、本文はいきなりこう始まっている。

「この約4億円は陸山会の政治資金収支報告書の収入に記載されておらず、政治資金規正法に抵触する恐れがある。この不明朗な資金の解明が今後の焦点になりそうだ」

これでは「四億円？　官報に記載されているじゃないか」という疑問が出てきてもしかたない。あまりにも説明不足なのだ。

小沢を告発した謎の市民団体

「四億円」報道では、このような説明不足がいたるところにあった。さらには何を意味しているのかわからないような思わせぶりな内容も。

たとえば集中豪雨報道の引き金となった一一月初旬の東京地検への告発記事がそうだ。これは「世論を正す会」という正体不明の団体が、小沢の秘書だった石川らを収支報告書への虚偽記載容疑で東京地検に告発したというものだ。

しかしどの新聞の記事にも、この団体がいったい何者なのかはいっさい書かれていない。毎日の記事には『世論を正す会』と名乗る団体」と書かれているだけだし、朝日は「東京都内の市民団体」としか説明がない。いったいこの団体が何の目的で告発したのかは、これだけではさっぱりわからない。

ところがこの団体の刑事告発が、その後は小沢の「犯罪性」を印象づけるための材料として記事にひんぱんに盛り込まれていく。毎日の年末の記事から引用しよう。

「陸山会を巡っては、04年の土地購入を同年の政治資金収支報告書に記載せず、翌年の報告書に記載したなどとして、石川氏らが刑事告発されている」(一二月二四日)

「土地購入を巡っては04年の収支報告書に記載せず原資も不明などとして、当時の事務担当者で小沢氏の私設秘書だった同党の石川知裕衆院議員（36）らが同法違反（虚偽記載）容疑で刑事告発されている」（一二月二六日）
「告発状では、陸山会側が土地購入資金について、４億円の預金を担保にした同額の借入金と説明していることに対し『預金の原資となった収入が一切記載されておらず、預金が突然に保有資産として発生しており極めて不自然』と指摘。土地購入の原資が何だったのかも問題となっていた」（同日の社会面）
「石川氏は政治資金規正法違反（虚偽記載）容疑で告発されており、特捜部による立件は不可避の情勢になった」（一二月二九日）

いったいこの団体が何者なのかをいっさい説明しないまま、どんどん「刑事告発された」という印象の悪い言葉だけがひとり歩きしていっているのだ。これは印象操作そのものではないか。


先に紹介したブログ『永田町異聞』は、「筆者の勝手な記事」として毎日の刑事告発の記事をこんなふうに書き換えることだってできる、と皮肉っぽく書いている。

「『鳩山由紀夫を告発する会』を〝名乗る〟団体に続いて、代表者も所在地も会員数も明かさない奇妙な告発グループが今度は小沢一郎氏の元秘書らを告発した。

『世論を正す会』と名乗る団体である。背後関係は全くもってわからない。個人か団体かも不明だ」

「昨年11月4日に、東京地検に告発し、早々に受理されたところをみると、検察に顔が利く人物がからんでいる可能性が高い。司法記者クラブのメンバーも、案外この人物を知っているのではないか」

この「鳩山由紀夫を告発する会」というのは、政権交代前の〇九年七月、鳩山が政治資金収支報告書に故人の名前を記載していた事件が浮上した際、東京地検に鳩山への告発状を提出した謎の団体だ。なぜこのような謎の団体が何度も登場しては東京地検に告発を繰り返し、しかもこれらの団体のことを新聞がまったく報じないのか。

もう、わけがわからない。まともな読者にとっては「?」の連続だろう。

ブログや掲示板では、この団体に対する疑惑の声が噴出している。いくつか紹介してみよう。

「マスコミは、なぜこの『世論を正す会』について、何も語らないのでしょうか。なにか、胡散臭い感じがしてなりません」

「如何にも右翼的な名称の団体はその実体を明かせない胡散臭い匂いを感じる。つまり政敵小沢・民主党のネガキャンの一環として告発を目的としたダミーであり、当然にその実体は不明であると考えられるのである」

「『世論を正す会』に『鳩山由紀夫云々の会』と同様に刑事告訴するのに何故名前を明かさないのか？（中略）こんな事が許されるのなら、告訴なんて幾らでも出来る。冤罪はどんどん増加する。まあ、バックに自民党が居る事はおおよそ見当がつきますが、自民党を中心に世論を誘導しているとしたら、恐ろしい事だ」

検察とマスコミの「出来レース」

しかし新聞の集中豪雨的報道に押されるかのように事態はどんどん進み、一月一三日には検察が小沢の事務所や大手ゼネコン鹿島本社などに強制捜査に入るところまで進んだ。新聞は「検察、一気に本丸捜索」（朝日）、「検察、小沢氏と全面対決」（日経）とはやし立てた。さらに同月二三日には、ついに検察が小沢の事情聴取にまで踏み切った。事情聴取後に記者会見して「不正なカネは受け取っていない」と身の潔白を主張した小沢に対して、新聞各紙は「小沢氏　消えぬ疑問」と非難一辺倒の論調で押し通した。たとえば朝日は「突然会見　幕引き図る」「説明半ば　残る疑問」「小沢氏『関与せず』乱発」。

ここまでの流れを簡単に振り返ってみよう。

・陸山会の二〇〇四年の政治資金収支報告書に「小沢一郎　四億円」と記載されていた。
・「世論を正す会」というどこの誰かさっぱりわからない謎の団体が、「この四億円がどこから出てきたのかわからない」と小沢の秘書だった石川を告発した。
・新聞は「刑事告発された」という事実をもとに、集中豪雨報道をスタート。
・小沢は地検に、「四億円は銀行から借りたものだ」と説明した。でも石川は地検の取り調べに「四億円は銀行からじゃなくて小沢から現金で渡された」と証言した。
・この石川の証言がなぜか新聞で大量に報道され、さらに「関係者」というソースのはっきりしない情報をもとに「四億円はゼネコンの裏金だった」という報道が展開される。
・検察が小沢の事務所とゼネコンを強制捜査し、本人からも事情聴取。

そして二月四日に石川は起訴、小沢は証拠不十分で不起訴になるが、それまでの一連の展開が検察と新聞の二人三脚によるものだったことが丸見えになる。強制捜査翌日の一月一四日、朝日は「検察幹部」の言葉をこう紹介した。

「あのままだと最後まで何も説明しないで終わってしまう。小沢氏が説明せず、検察も捜査しないでは責務を果たせない。捜査機関として全力を尽くすために捜索に踏み切った」

何も説明しないで終わってしまう――と言われても、そもそも根拠のよくわからない話をはやし立てたのはマスコミの側であって、つまりは新聞にリークしてお祭り状態を演出させ、そして「ここまで盛り上がっているから強制捜査せざるを得ない」と踏み込む、という出来レース以外の何ものでもない。

もちろん、司法担当の新聞記者がただぼんやりとしているだけで検察からのリークがやってくるわけじゃない。私は司法クラブには所属したことはないので検察とのやりとりはわからないが、新聞記者時代に警視庁の記者クラブには所属していて、捜査一課担当キャップを務めたことがある。つねに捜査幹部とは緊張関係にあって、記事内容を確認する「裏どり」の作業はいつも困難をきわめた。

サンプロで民主党議員の枝野幸男が「検察のリークだとすれば国家公務員法違反だ」と指摘したのに対して、岸井が「検事が直接リークするんじゃない。情報をこちらがぶつけるんです。そのときの表情で裏をとって書く」と返答したが、これはまったくそのとおりだ。しかし岸井の言う「表情で」というのは、あくまでも裏どりの話だ。当局の下のほうからネタをとってきて、関係者取材も進めて記事にするための情報をすべて集め、そこで初めて幹部に当てに行く（裏をとりに行く）のである。警視庁の経験で言えば、ネタは警部補や巡査部長クラスの刑事からとり、裏をとるのは捜査一課長や二課長から。重要な事件ともなれば、その上の刑事部長などにも当てに行く。

どちらにしても、ネタをとるのと裏をとるのはまったく違う話だ。裏をとりに行く相手である検察幹部がリークしていなくても、下のほうのヒラ検事がリークしている可能性は十分にある。つまり、権力内部とのあいだで記者はそれぞれ極秘の情報ルートを確立していて、そうしたところからひそかに情報は入ってくるということだ。そもそも外部の関係者取材からだけでは大きなスクープはとれないし、特ダネを狙おうと思う記者なら誰でも権力内部のディープスロート（情報源）を作ることに躍起になる。優秀だといわれる事件記者はみんなそうだ。私が昔知っていたある年長の記者は警察の裏情報のすべてに精通していて、いったい誰がディープスロート――日本の事件記者用語でいえば「ネタ元」だったのか、わからないほどだった。

かなり長い年月が経ってから、その記者のネタ元をひょんなことから私は知った。なんと彼は、当時の警察庁長官をネタ元にしていたのだった。

驚くべき話である。警察権力の最高指揮官が情報源なのだから、そりゃなんでもわかってしまう。これ以上のネタ元はたぶん日本の事件記者史上でもほとんど存在しないだろう。

いくらなんでもこれは極端なケースだが、そのように最高幹部に裏をとりに行くだけでなく、そこからネタをとれる記者こそが事件記者としては最強なのである。このあたりの内情については、元検察官で弁護士の落合洋司が自身のブログ『日々是好日』で、こう記している。

「平検事側にも、マスコミと接触することで相互に情報を交換したい、自分がやっていることを認めてもらいたい、平検事なりに世論を有利に誘導したい、といった思惑から、情報をリークするということも、絶対にないとは言い切れません。

副部長以上（ここでは地検だけでなく高検、最高検、法務省を含みます）についても、上記のような思惑で動くということは、やはり絶対にないとは言い切れません。地位が上がるにつれて、単純な思惑ではなく、世論を有利に誘導する、自分たちに追い風が吹くようにするといった思惑で動きやすくなるということも言えるでしょう」

「弁護士に転じた後ですが、あるマスコミ関係者と話していて、その人が、検察庁内部の関係者しか持っていないはずの資料を、分厚いファイルとして持っていて、こういうものまで入手しているんだなと思ったことがありますが、検察庁内の誰かが流さないとそういうものがそういう形で存在するはずがありませんから、『リークなどあり得ない』という公式見解、建前論が、いかに空しいものかがわかるでしょう」

そうやって新聞記者が作り上げたネタ元とは精神的にもつながり、きわめて密接な関係になる。そうしたネタ元から伝えられた情報は記者にとっては泣けてくるほど嬉しく、その情報を疑うことなどあり得ないと思ってしまうほどだ。

だからネタ元が意図的にリークすれば、記者はその情報を死にものぐるいで記事にしようと考える。だからそれは必ず記者を経由して紙面に現れる。

検察や警察担当の記者の日々は、驚くほどに閉塞的だ。朝はとびきり早い。私は警視庁担当時代、午前五時には家を出ていた。そして出勤途中の幹部に「朝駆け」し、日中はずっと記者クラブに詰めて会見に出席したり、原稿を書いたりしている。昼食もたいていは役所の食堂だ。夜は幹部の家に他社の記者たちと集合し、順番に家に入れてもらって「裏どり」の作業を行う。そういう順番待ちのあいだは、他社の記者たちとのひそかな情報交換の時間になる。腹を探り合い、ときには情報を共有して共闘することもある。幹部の家を出たらこっそりネタ元の家へと回り、「夜回り」が終わるのはたいてい午前〇時を回るころになる。記者クラブに戻って同僚と情報交換し、帰宅するのは朝刊〆切の午前一時をすぎてからだ。当然寝る時間は短く、いつも寝不足のままだ。耐えられなくなると、夕刊が終わった午後の時間帯に記者クラブのソファで昼寝する。

そういう生活を延々と続けていると、見える世界はどんどん狭くなる。世界は自分と自分の同僚、他社の記者、そして取材先の捜査官たち、それだけだ。他社の記者たちは憎むべきライバルであり、捜査官たちはネタを言ってくれないハードな取材先でありながら、しかし同時にインナーサークルの仲間たちであるという不思議な空気感がそこに醸成されてくる。

生きている目的は、他社に先駆けて特ダネをとることだけになる。「いま起きていることをわかりやすく解説しよう」とかそういうことは、いっさい考えない。ひたすら他社の動きに目を光らせ、ネタ元のリークを大事に抱えてそれらの爆弾をいつ投げ込むかということに心血を注ぐ。発想も思考も、すべてインナーサークルの中だけに閉塞されていく。

私が自分でかつて経験したことだから、その事件記者マインドに間違いはない。

国民に向き合っていないマスコミ

どんな記事であっても、その記事には「コンテンツ」と「コンテキスト」がある。コンテンツは書かれている内容そのもの。コンテキスト（文脈）は、コンテンツを取り巻く意味や背景だ。

異なる圏域に属する読者に記事を正確に送り届けるためには、コンテンツをコンテキストできちんとくるんで提供しなければならない。

しかし「小沢四億円」報道の記事には、そうしたコンテキストは完全に欠如している。

いったい何が起きていて、検察はどういう見立てをしていて、この記事が何を意味するのかといったコンテキストはいっさい書かれない。

なぜか。

彼らが「司法クラブ」というインナーサークルの中だけに閉塞していて、お互いに理解し合える小さな共通言語の世界の中だけで記事を書いているからだ。他社と捜査幹部に読まれることだけを目的とした記事だから、コンテキストなんか必要ないのである。

だからそのコンテキストを共有していない読者にはほとんど理解できないし、さらには政治記者の岸井やテレビ司会者の田原、経済ジャーナリストの財部もおなじ圏域仲間じゃないから、やっぱりコンテキストは共有されない。だからみんな、記事の内容が正確に把握できない。

そういうおそろしく閉鎖的でインナーサークル的な記事が大量に新聞紙面にはき出されている。お互いにコンテキストを共有できている者のあいだでだけ理解し合える小さな、しかし影響力はきわめて大きいサークルの中でゴールへと向かう流れが作られていく。

一見それは集中豪雨のようで派手だけれども、その中身をちゃんと理解できている人はほとんどいない——そういう状況が延々と続いている。そしてそういうマスコミ集中豪雨を背景にして、検察は「世論が後押しをしている」と強制捜査に乗り出す。

これはいったい何なのだろうか。まるで戦前の戦争翼賛報道と軍部の結託のようなこういう圏域の生成を、われわれ日本人は放置しておくべきではない。

法務の専門家が書くブログ『Nothing Ventured, Nothing Gained.』は、これらの予断に満ちたマスコミ報道に対して強く警鐘を鳴らした。

「多くの報道は『怪しい』に過ぎないものを、断定的かつ捜査機関の一方的情報ばかりを垂れ流すため、あたかもその事実が相当の嫌疑ではなく、そうした事実が存在するかのような報道に至っています。

『逮捕に踏み切ったのは収賄に関する事実があるからだ。』などというこれも極めて憶測もしくは、妄想に近い意見がメディアに躍っていますが、前述のように、収賄の成立は極めて困難であり、本件はあくまでも政治資金規正法の不記載による逮捕ですから、逮捕されたから問題だというのは、検察、警察という捜査機関の判断に対する絶対の信頼を置くもので、妥当ではありません」

この専門家ブロガーは、新聞社が小沢に対して「きちんと説明せよ」と要求していることにも疑問を投げかけている。

「『小沢氏は合理的な説明を』という見出しも見かけました。しかし、私からすれば、犯罪がないという説明をすることは、『無いこと』の証明というある種の悪魔の証明となってしまう一方、犯罪の嫌疑をかけているのは検察であり、本来は検察官に立証責任があるわけです。そうだとするならば、小沢氏が政治家たる職責から一定の情報開示をすることは必要ですが（既に小沢氏は関係する書類をすべて公開していると言っていますが）、合理的な説明をすべきは検察なのではないでしょうか」

こうしたマスコミ批判は、新聞社の中からも現れた。『官僚との死闘七〇〇日』『日本国の正体　政治家・官僚・メディア――本当の権力者は誰か』などの著作で官僚支配の実態を指摘し続けてきた東京新聞論説委員の長谷川幸洋は、同紙のコラム『私説・論説室から』で、「私は取材現場の事情は知らない。ただ、読者として多くの記事を読む限り、正直言って『これはいったい、なんだ』という感じも抱いてきた」といたって率直な感想を打ち明けた。

新聞社の中にも検察リーク報道への疑問を持っている人間が少なくないことを、長谷川のコラムは浮き彫りにしたのだ。彼はこう続けている。

「なぜなら、当事者本人か捜査当局しか知り得ないような情報がしばしば盛り込まれているからだ。ときには当事者が捜査当局に供述したとされる内容が報じられたりしている。

ということは、当事者が取材記者に話したか、あるいは当局が記者にリークしたのではないか。疑惑があるなら解明されねばならないのは当然である。現場で取材する記者の苦労は理解できるし、多としたい。

だが、結果的に当局の情報操作に手を貸す結果になっているとしたら、それもまた見逃せないのだ」

さらにマスコミ批判は、あろうことか民主党を追及する側の自民党にまでとうとう波及した。政権交代後の党総裁選で現総裁の谷垣禎一と争った河野太郎だ。河野は自身のブログで、情報をリークする検察を強く非難したのである。

河野が法務副大臣だったときに起きた二〇〇六年のライブドア事件で、「〇〇が〇〇と供述」といったリーク報道がさかんに新聞やテレビをにぎわせた。彼は「なぜ取り調べの供述が外に漏れるのか、取り調べをした検事の責任はどうなっているのか」と感じ、秘書官に調べさせたという。おそらく法務省幹部からであろう回答は、「接見した弁護士が漏らしているのではないか」というそっけないものだった。

「僕はぶち切れた」と河野は書く。しかしその状況を変えようと思う間もなく当時の小泉内閣は総辞職してしまい、結局そのままになってしまったのだった。そして彼は、今回も同じようなリーク報道があふれかえっていることに対して強い調子でこう続けた。

「最近の石川某がこういう供述をしているという報道は、明らかにおかしい。

日本の司法制度では、有罪が確定するまでは無罪である。被疑者の段階で、あたかも被疑者が悪人であるというような世論を作らんが為のリークを検察がするのは間違っている。(そんなリークをする弁護士は懲戒の対象になるかもしれない)。

被疑者の人権問題になりかねない。

検察のリークがほしいマスコミは、まるで飼い主からえさをもらう犬のように、飼い主には吠えず、ただ気に入られようとするあまりにしっぽをちぎれんばかりに振ることになる。

検察のリークで紙面や番組を作っている新聞やテレビに検察批判ができるのか。

検察がもし間違ったことをしたときに、マスコミがどれだけそれを報道できるのか。

一部のマスコミはそれを報道の自由だという。接見した弁護士が漏らしているという検察と同じではないか。今回の事件で、検察のリークを批判し、検証したマスコミがあったか。

記者クラブなる既得権にしがみつき、取材対象となあなあになっているマスコミが報道の自由などという錦の御旗をふりかざすべきではない」

この河野の疑義に答えられるマスコミ人はいないだろう。毎日の岸井成格はそれでも「リークなんてない。表情を読んで書く」と反論するのだろうか?

世界を変えるネット言論

インターネットは多様性の世界である。右から左まで、頭のいい人も悪い人もいる。批判し、批判され、そういうぶつかり合いが日々続けられている。だからこそコンテキストは重視され、「伝える」ということの重要性はつねに高いプライオリティを持っている。揺り戻しもつねにある。2ちゃんねるを中心に、誤った「官報四億円記載」が祭り状態で盛り上がったときにも、この記載がすでに既成事実であることを指摘した者は少なくなかった。

著名ブロガーとして知られる切込隊長のブログもそのひとつだ。彼は「四億円」をめぐってネット論壇が誤った方向へと振り切れそうになっていたとき、こう指摘して振り幅を思いきり引き戻した。

「マスコミがごく当たり前のように突き合わせして報じている内容を、何故だかマスコミのミスであるかのように語られたり、逆に検察のリーク批判になったりしてますけど、小沢さんの土地取引を巡って後援会や政治団体がおかしな資金移動をしている件は随分前から知られていたことだったと思うんですよね。

山岡俊介氏のストレイドッグ（引用者注：武富士事件などで有名なフリージャーナリスト

である山岡のブログ）も巻き込まれて大誤報気味。『これが本当なら、検察のシナリオは大きく崩れかねない。一体、何が起きているのか⁉』って何も起きてねえだろうよ」

こうしたかたちで、言論が大きく動いた振り幅はつねに誰かによって揺り戻される。誤った意見が流布されることはあるが、最後は必ず誰かによってただされる。それがネット言論だ。

「ネットの意見は便所の落書きで信用できない」と思っているマスコミ人はいまだに少なくないが、そういう段階はもうとうに終わった。いまや信用できないのはマスコミの側であって、ネットこそがリアルでロジカルな新たな言論勢力として台頭しつつあるのだ。

それを二〇〇九年の政権交代は、ついにあからさまにわれわれの前に見せつけてしまったということなのである。

これまで情報はマスコミと官僚、自民党のトライアングルが握り、そこで発信された劣化された「世論」のようなものをわれわれ日本人は押しつけられてきた。だが政権交代をきっかけにしてこのトライアングルはぐらぐらと揺れ動き、いまやその振動は最大限にまで高まってきて、古い巨塔は崩れ落ちようとしている。

私は別に民主党を支持しているわけではない。この先、民主党が政権を維持し続けるとしても、あるいは別の党が政権を奪取することになるとしても、もう「マスコミと官僚と与党」の閉鎖したトライアングルに戻ることは二度と不可能だということだ。

おそらくこの先には、人々と政治がこれまでのような劣化したマスコミ経由ではなく、別の形で接続される世界がやってくる。それは東浩紀の言う「一般意志2.0」なのかもしれないし、あるいは別のものかもしれない。元産経記者の福島香織が指摘するように、政治家に世論をダイレクトに操作される危険性だってある。ネットの一部が先鋭化して、極右的な、あるいは極左的なアクティビズムへと走る動きもさらに表面化してくるかもしれない。

だがいずれにせよ、アンシャンレジーム（旧体制）がひっくり返されることには変わりはない。われわれにできるのはもうマスコミはとっとと見捨てて、新しい世論が変なことになってしまわないように注意深く支えていくことだけだ。

いずれ時代は変わる。

マスコミを支配してきた団塊世代は六〇歳を超えてそろそろ退場する潮時となってきた。デジタルネイティブであるロスジェネ世代は四〇歳に手が届きはじめ、社会の中心へと押し上げられてきている。世代交代が進めば、よりよいメディア空間への期待もさらに高まるというものだ。少なくとも私はそれを信じたい。

二〇一〇年一月一二日に放送されたＮＨＫの報道番組『クローズアップ現代』は、いまアメリカや日本で進行している新聞崩壊を取り上げた。ゲストに呼ばれたジャーナリストの立花隆は、司会の国谷裕子の「新聞がなくなるとジャーナリズムはどうなりますか?」という質問に、

「ジャーナリズムはなくなりませんよ」

と笑いながら答えた。「どういう意味でしょうか」と問い返す国谷に、立花はこう話したのだった。

「ジャーナリズムは社会の要請があれば、必ず生き残る。人々が違う意見を述べ合って、違う事実が出てくる。そういう状況がつねに保たれるということが民主主義にとって必要で、それは今後も保たれると思います」

まったくそのとおりだと思う。しかし政権交代をめぐる報道を見てきた限りでは、「人々が違う意見を述べ合って、違う事実が出てくる」というような装置としての役割は、もう新聞・テレビからは失われた。

その役割を今後担うことになるのは、おそらくはネット言論とネットのメディアだ。間もなく世界は変わる。

佐々木俊尚（ささき・としなお）

1961年、兵庫県生まれ。早稲田大学政治経済学部中退。毎日新聞社、「月刊アスキー」編集部を経てフリージャーナリストに。IT分野を精力的に取材している。著書に『2011年新聞・テレビ消滅』（文春新書）、『ニコニコ動画が未来を作る ドワンゴ物語』（アスキー新書）、『ネットがあれば履歴書はいらない――ウェブ時代のセルフブランディング術』（宝島社新書）など多数。

現代プレミアブック

マスコミは、もはや政治《せいじ》を語《かた》れない

徹底検証《てつていけんしよう》：「民主党政権《みんしゆとうせいけん》」で勃興《ぼつこう》する「ネット論壇《ろんだん》」

2010年2月25日　第1刷発行

著　者　佐々木俊尚《ささきとしなお》
発行者　持田克己

発行所　株式会社講談社
〒112-8001 東京都文京区音羽2-12-21
電話　編集部　03（5395）3762
　　　販売部　03（5395）4415
　　　業務部　03（5395）3615

印刷所　大日本印刷株式会社
製本所　株式会社 国宝社

ISBN978-4-06-295057-2　N.D.C.070 270p 19cm